Helmar Neubacher

Wir sind

DAS VOLK

BRUCH der SCHERE
zwischen
ARM und REICH

Eine Streitschrift

Helmar Neubacher, geboren am 06.04.1940, in Sakuten, Kreis Memel, damals Deutschland. Studiendirektor i.R. und Ing. (grad.) für Schiffsbetriebstechnik – Patent CI.

Befahren der Weltmeere vom Ing.-Assistenten bis hin zum Leitenden Ingenieur.

Universitätsstudium:
Gewerbelehramt mit den Fächern Metall- und Maschinentechnik und Sozialwissenschaft mit Schwerpunkt Politische Wissenschaft. Anschließend Gewerbelehrer und Koordinator an Berufsbildenden Schulen und Fachseminarleiter für Lehrer der Fachpraxis.

Bisher veröffentlichte Bücher:

CHEOPS-PYRAMIDE gebaut mit den eigenen BARKEN
Lösung des Jahrtausendrätsels:
MASCHINEN des HERODOT + KRAFT des WASSERS
ISBN: 978-3-8370-6236-6

Das RAD des PHARAO
7 Vorbedingungen für den Bau der Cheops-Pyramide:
DER BAU BEGINNT
ISBN: 978-3-8370-2310-7

VERMÄCHTNIS des HERODOT
zum Bau der CHEOPS-PYRAMIDE
Jahrtausende altes Mysterium gelüftet:
100.000 Mann – Hydrostatik – 230 Steinhebemaschinen
ISBN: 978-3-8391-1486-5

PRINZESSIN DER HERZEN
– ein Drama im Spiegel der Galaxien
ISBN: 978-3-8423-5222-3

ADOLF HITLER »DAS BÖSE«
– und die Rache des Ziegenbocks von Leonding
ISBN: 978-3-8448-8977-2

ADOLF HITLER »THE EVIL«
– and the Revenge of the Billy Goat of Leonding
ISBN: 978-3-7322-1417-4

ICH HABE VIEL ZU LANGE GESCHWIEGEN
Sozialdemokratie am Abgrund! Deutschland am Abgrund?
ISBN: 978-3-7322-1418-1

Helmar Neubacher

Wir sind

DAS VOLK

BRUCH der SCHERE
zwischen
ARM und REICH

EINE STREITSCHRIFT

Umschlag:

Entwurf und Gestaltung: www.schaduf-book.de

Bibliografische Information der Deutschen Nationalbibliothek

Die Deutsche Nationalbibliothek verzeichnet diese Publikation in der Deutschen Nationalbibliografie, detaillierte Daten sind im Internet über http//dnb.d-nb.de abrufbar.

Herstellung und Verlag: BoD – Books on Demand, Norderstedt.

ISBN: 9783744855631

Inhalt

Anmerkung: Zur besseren Übersichtlichkeit werden im Anhang die im Buch **verwendeten Abkürzungen** aufgeführt, ausgehend von der Reihenfolge in der Inhaltsangabe.

_{1.0} Ein Volk kehrt zurück

Was ist los im Januar 1990? Es geschieht etwas ganz Ungewöhnliches! Niemand kann sich den Grund für eine »Völkerwanderung« mitten in Europa erklären.

Zunächst sind es nur wenige – dann werden es immer mehr.

Bürger, die die Deutsche Demokratische Republik (DDR) im Oktober 1989 verlassen haben in Richtung »GOLDENER WESTEN«, kehren zurück. Männer, Frauen und Kinder, letztere mit ihren Stofftieren auf dem Arm, kommen aus Westdeutschland, wo sie vor kurzem enthusiastisch in Scharen einfielen – voller Glück den Schrei auf den Lippen:

"Wir sind das Volk!"

Hunderttausende der 17 Millionen DDR-Bürger strömten Richtung Westen. Sie rissen die Mauer ein, die ihr Land von Freunden und Bekannten trennte. Sie alle empfanden in diesem Augenblick ein unbeschreibliches Glücksgefühl, als sie das »Gefängnis DDR« verließen. Sie schrien ihr Glück förmlich aus sich heraus – unfassbar, was passiert war:

Eine friedliche Revolution, ohne jede Gewalt und ohne jedes Blutvergießen.

Nach über vier Jahrzehnten Kommunistenpeitsche unter russischem Oberkommando ergriff die Menschen ein weiteres, für sie völlig fremdes, »abstrakt unwirkliches Gefühl« – sie empfanden ein Gefühl von Freiheit – und das alles nur, weil der russische Präsident Gorbatschow still hielt – er ließ das geknechtete Volk ziehen!

Doch was ist geschehen in den drei Monaten im Westen – seit jenem Tag des Mauerfalls am 09. November 1989?

Sie kommen zurück – nicht mehr den Schrei auf den Lippen: "Wir sind das Volk!" Nein, Männer, Frauen und Kinder verlassen die Bundesrepublik Deutschland (BRD) – zunächst einzeln, dann in kleinen Gruppen – dann zu Tausenden.

Merkwürdig, alles geschieht fast schweigend, kaum einer sagt ein Wort. Gesprochen wird nur das Allernotwendigste. Sie, die Rückkehrer, machen einen sehr bekümmerten Eindruck!

Sie haben sich nicht einmal versorgt mit den tollen Sachen des Westens, von denen sie jahrzehntelang träumten.

Die Menschen kommen auf Fahrrädern, mit ihren Trabbies, in Bussen und mit der Bahn – eine schweigende, still in sich gekehrte Ansammlung von Mitbürgern der DDR.

Wie eine Herde von alleingelassenen Lämmern überschreiten sie, ohne jede Führung, die Grenze zwischen zwei Staaten.

Die Fernsehsender im Westen überschlagen sich mit immer wieder neuen, zum Teil sich widersprechenden Meldungen. Niemand hat eine Erklärung für die jetzige »Völkerwanderung« von West nach Ost – von der BRD zurück in die DDR.

Dann erschüttert eine Nachricht die gesamte Republik, dass bekannte Politiker verschiedener Parteien aus der BRD sich unter das zurückkehrende Volk gemischt haben. Für alle völlig unerklärlich fahren sie in PKWs nach Ostberlin und melden sich gemeinsam im Grandhotel an. Dazu passt ihre Pressemitteilung, die in allen Nachrichtensendern verlesen wird:

"Wir treten von allen unseren Ämtern zurück!"

Das Umwälzende, ja Erschütternde dieser sich schnell verbreitenden Nachricht ist die Tatsache, dass hier Menschen unterschiedlicher Couleur sich im Schulterschluss vereinen und der alten Westrepublik den Rücken kehren – geht es doch um Spitzenpolitiker, ganz unterschiedlicher Parteien und Gruppen!

Die Frage: Handelt es sich hier um einen noch unstrukturierten und ungeklärten Zusammenschluss mit möglichen Weiterungen für die Parteienlandschaft?

Gibt es hier zwischen den genannten Akteuren bereits Absprachen mit gemeinsamen politischen, ja parteiübergreifenden Zielen?

Jetzt äußern sich auch die Fernsehanstalten auf der ganzen »Welt« erstmals:

"Gibt es unter den 17 Millionen DDR-Bürgern, also den Rückkehrern und den in der DDR Verbliebenen, eine alles verbindende Kraft?

Machen sie alle gefühlsmäßig das Gleiche, ohne miteinander zu kommunizieren?"

Millionen kehren wie unter Zwang zurück in ihr Geburtsland – und es entsteht die Frage:

Gibt es doch ein verbindendes Band unter den 17 Millionen?

Möglicherweise ist die Antwort die Bindung an ihre gehasste und doch auch geliebte Heimat DDR!

Nur wenige Tage später eine erneute, unerwartete, die politische Landschaft der BRD und der DDR erschütternde Meldung:

Zwei weitere Spitzenpolitiker haben alle ihre Ämter in der BRD zurückgegeben. Auch diese beiden Politiker treffen ganz plötzlich in Ostberlin ein.

Was ist den Millionen DDR-Bürgern in den drei Monaten, die sie im »Goldenen Westen« der BRD verbrachten, widerfahren?

Was hat die Menschen veranlasst, so plötzlich in ihre marode DDR zurückzukehren, die in Gedanken überaus hoffnungsvolle Zukunft in der BRD kurzerhand über Bord zu werfen?

Viele Fernsehteams sind mittlerweile in der DDR und Ostberlin eingetroffen, um die Bürger nach ihren Gründen für die Rückkehr zu befragen. Zunächst äußern sich nur wenige, aber gemeinsam ist ihre Antwort:

- wir haben in Westdeutschland nicht das vorgefunden, was wir erwartet haben

- wir haben Angst vor den Westbürgern, wir haben aber auch Angst vor uns selbst

"Wir sind in der DDR jahrelang drangsaliert und von der Stasi (Staatssicherheitsdienst) bespitzelt worden. Man hat uns bis ins hohe Alter gesagt, was wir zu tun und was wir zu lassen haben.

Bei uns war aber alles frei: Kindergärten, Schulen, Gesundheits- und Krankenhausbetreuung – jeder hatte zu essen, niemand hungerte, die Renten waren sicher – und wenn wir 15 Jahre warteten, dann konnten wir sogar voller Stolz einen Trabi unser eigen nennen.

Arbeitslose gab es nicht. Alle hatten ihr Auskommen – dabei waren Staat und Familie im Zentrum allen Denkens.

Unsere Staatslenker Pieck, Grotewohl, Ulbricht, Honnecker priesen immer wieder unser sozialistisch-kommunistisches Regierungs- und Wirtschaftssystem.

Wir waren nicht reich, kannten aber auf der anderen Seite keine Not und wenig Kriminalität. Jeder war irgendwie mit dem, was er und die Seinen hatten, zufrieden. Obwohl wir nicht frei waren, herrschte unter uns Bürgern doch eine verbindende Solidarität und damit auch Zufriedenheit.

Natürlich hatten wir den Wunsch, zu reisen – ferne Länder und fremde Menschen kennenzulernen – das gab es bei uns aber nicht.

Seit 44 Jahren wurden wir klein gehalten – Opposition und Kritik an Staat und Gesellschaft sowie besonderes Interesse an westlichen Lebensformen waren uns untersagt. Das hatte zur Folge, dass wir 17 Millionen der DDR uns zu ganz anderen Menschen entwickelten, verglichen mit den 61 Millionen der BRD. Wir wurden erzogen zu regelrechten Duckmäusern – ängstlich, unselbständig und bar jeder Kritik.

Man stelle sich einmal vor, ein Mann sei mit 21 Jahren ins Gefängnis gekommen. Nach 44 Jahren wird er im Alter von 65 Jahren entlassen und trifft auf Bürger einer »neuen Gesellschaft«, die er nicht kennt. Verbraucht, angepasst an die Insassen und Regularien im Gefängnis, verlässt nach 44 Jahren auch hier ein gänzlich »neuer Mensch« das Gefängnis und betritt eine für ihn völlig unbekannte Welt. Ein über alle Maßen unsicherer, unselbständiger, ängstlicher ehemaliger Gefängnisinsasse beginnt einen für ihn ganz neuen Lebensabschnitt – mit Folgen auch für ihn selbst:

›Ich habe Angst vor den Anderen, und ich habe auch Angst vor mir selbst!‹

Genau so erging es uns, als wir am sogenannten »Tag des Mauerfalls« unsere beschützende DDR verließen und ohne jede Vorbereitung in unser Traumland BRD fuhren. Und wir wurden zunächst auch von Verwandten und Bekannten sehr herzlich aufgenommen – die Küsse und Glückwünsche zur neu gewonnenen Freiheit wollten gar kein Ende nehmen.

Na, ja – kein Ende nehmen, stimmt natürlich nicht ganz:

Die überschwengliche Willkommensduselei dauerte manchmal einen, aber auch manchmal gar drei Tage. Nach dem vierten Tag spätestens hörten wir zunächst hinter vorgehaltener Hand vereinzelt, dann immer häufiger, das Wort »Ossi«.

So stellten die Westler nach spätestens einer Woche fest:

- die Ossis nehmen uns die Arbeitsplätze weg
- die Ossis »fressen« unsere Renten
- die Ossis belasten uns als Arbeitslose

- die marode verfallene DDR führt bei uns zu Steuererhöhungen
- die Ossis verhindern unser sicheres Aus- und Weiterkommen
- mit den Ossis kann man sowieso nicht vernünftig reden und auch in keiner Weise diskutieren

Ihre Quintessenz lautete:

Die Ossis sind anders!

Wir »Gäste« in der BRD mussten uns insgeheim, wenn auch zähneknirschend, eingestehen, dass wir im Diskutieren unterschiedlicher Meinungen, bei fast allen Dingen des täglichen Lebens als Verlierer auf der Strecke blieben. So konnten wir auch nicht, im Gegensatz zu den Westlern, kritisch über Bundeskanzler Dr. Kohl sprechen – für uns völlig undenkbar!

Wir merkten sehr früh, dass wir eigentlich gar nicht willkommen waren.

Wie sollten wir in dieser Ellbogengesellschaft, die man Kapitalismus nennt, klar kommen? Uns wurde schnell deutlich, dass wir hier niemals unseren gleichberechtigten Platz finden würden!

Unsere Unsicherheit wuchs von Tag zu Tag, obwohl wir dazu bereit waren, uns in allen Lebenslagen anzupassen – das ging sogar so weit, dass viele von uns kurzerhand Sprachkurse gebucht hatten, um unseren einheimischen Dialekt abzulegen – ›sich nur nicht sofort als Ossi zu erkennen geben‹, das war unsere Devise.

Dagegen steigerte sich die Selbstgefälligkeit der Westler bis ins Unermessliche. Man ließ uns bei jedem Satz spüren, dass wir Menschen zweiter Klasse waren, die man wegen ihrer Unterwürfigkeit und Unselbständigkeit niemals integrieren könnte.

Bereits nach zwei Wochen hörte man in Westberlin in vielen Gesprächen das Argument:

›Das Beste wäre, die Mauer wieder aufzubauen und die Ossis nach Hause zu schicken!‹

Besonders traurig waren wir, wenn unsere Ostkinder nach ihrem Spiel mit den Westkindern weinend zu uns kamen.

So klagten sie zum Beispiel:

›Die anderen Kinder meinten, Bundeskanzler Kohl sei ein richtiger Penner, viel zu fett und müsste schon lange abgelöst werden.

Wenn wir uns darüber mokierten, haben die Anderen gelästert, wir wüssten ja nicht was Kritik ist. Sie lernten so etwas schon in den unteren Klassen. Ihr Politiklehrer würde jedesmal sagen, sie müssten schon als Kinder lernen, alles kritisch zu sehen, aber auch fähig sein, Kritik zu ertragen. Dies sei der einzige und richtige Weg, sich als Staatsbürger engagiert gegenüber unberechtigten Forderungen und Anordnungen zu wehren.

Bildung einer eigenen Meinung durch Kritikfähigkeit werde immer wichtiger – ein Hauptlernziel jeder Schulform,

so die Westkinder.‹

Eines war nach ein paar Wochen bereits sonnenklar:

Unsere Ostkinder verstanden die Westkinder nicht. Im Wortschatz unserer Kinder waren so viele Begriffe, die die Westkinder benutzten, nicht vorhanden. Sie waren nicht geübt, Kritik zu üben, sich oppositionell zu verhalten. Persönliche Angriffe gegen z.B. einen Bundeskanzler waren ihnen fremd, ja tabuisiert – und doch war vieles Lernziel in der Schule.

Wir Erwachsenen vermochten unsere Kinder nicht zu trösten, weil auch wir in dieser neuen Begriffswelt nicht zurecht kamen, weil auch wir ungeübt in so vielen neuen Verhaltens- und Ausdrucksformen waren.

Traurigkeit über unser Unvermögen, mit den Westlern unterschiedliche Standpunkte verbal auszutragen, ergriff uns alle – wir mussten eingestehen, dass wir nie in unserem Leben auf eine derartige Situation vorbereitet wurden.
Die Erkenntnis:

›Wir, die Ossis, passen nicht in die Welt der Wessis.‹

Wir stellten in vielen Gesprächen und Lebenssituationen fest, dass wir nicht die Fähigkeiten hatten, mit den »Westmenschen« mitzuhalten – ihnen in allen wichtigen Situationen keinesfalls gewachsen waren.

Bereits beim Erklingen z.B. unseres sächsischen Dialekts hörten wir sie lachen. Sie lachten jetzt nicht mehr hinter vorgehaltener Hand wie zu Beginn – nein, sie lachten uns nun oftmals offen aus.

Sie verloren ihre einstige Zuvorkommenheit und Freundlichkeit. Sie demonstrierten jetzt ihre Überlegenheit.

Während wir immer unsicherer wurden, damit Schwäche signalisierten, wurden sie immer sicherer im Umgang mit uns und demonstrierten ihre vermeintliche und oft angemaßte Stärke.

Daraus ergab sich für uns die bestürzende Erkenntnis:

Sie wurden immer stärker, immer sicherer!
Wir wurden immer schwächer, immer unsicherer!

Das Ende des »Westlehrgangs« für uns Ossis:

Wir sprachen nicht mehr über unsere Vergangenheit, aber auch nicht über die Gegenwart und schon gar nicht über unsere Zukunft!

Es gab nur noch die redende, vermeintlich allwissende 61-Millionen-Mehrheit der Westler und die schweigende Minderheit der Ossis.

Die Konsequenz:

Der Traum von der Wiedervereinigung war geplatzt!

Die vergangenen 44 Jahre nach dem 2. Weltkrieg haben in der BRD und der DDR zwei völlig verschiedene Menschentypen hervorgebracht – zwei Völker einer Nation, die aber unterschiedlich **fühlen, denken und handeln**, obwohl sie vom Aussehen her nicht zu unterscheiden sind.

Wir 17 Millionen sind tief gekränkt, dass wir den 61 Millionen Westlern nicht auf Augenhöhe begegnen können. Wir verstehen die Menschen des Westens nicht

- vor allen Dingen verstehen wir sie nicht, sobald sie voller Überzeugung und Stolz von ihrer sogenannten »Freien und sozialen Marktwirtschaft« sprechen

Wir Ostler haben in den letzten 44 Jahren in der Schule und auch danach gelernt:

Die BRD hat ein durch und durch kapitalistisches Wirtschaftssystem, dass ihre Menschen wie Sklaven aussaugt!

Nun hören wir von den Westlern voller Überzeugung die neue Vokabel »Freie und soziale Marktwirtschaft«, überlegen unserem »sozialistisch-kommunistischen Arbeiter- und Bauernstaat«.

Wir finden uns nicht mehr zurecht in der »Neuen Welt« des Westens – wir haben Angst!

Die einzig verbleibende, ja geradezu unumstößliche Konsequenz:

- **wir wollen zurück in unsere angestammte Heimat**
- **wir wollen zurück nach Thüringen, Mecklenburg, Sachsen, Sachsen-Anhalt und Brandenburg!"**

₂.₀ Immo, der »Toraner«

Da bin ich wieder. Viele kennen mich bereits aus den Romanen »Prinzessin der Herzen – ein Drama im Spiegel der Galaxien« und »Adolf Hitler ›Das Böse‹ – und die Rache des Ziegenbocks von Leonding«. Für die Leser, denen ich noch nicht bekannt bin, an dieser Stelle einige informative Erklärungen:

Mein Name ist Immo. Ich bin ein Junge auf dem erdähnlichen Planeten »Tora« in der Andromeda-Galaxie, 2.500.000 Lichtjahre von der »Menschenerde« entfernt. Ich befinde mich derzeit in einem langjährigen Geschichtsstudium.

Im Augenblick bin ich fasziniert, was da etwa auf dem 15. Längengrad Ost und dem 81. Breitengrad Nord in der Stadt Berlin auf der »Menschenerde« passiert.

Ein ganzes Volk, 17 Millionen Bürger der DDR haben das Gefühl, dass sie nach dem Fall der Mauer **neu anfangen müssen**, sich auf keinen Fall von den 61 Millionen Westdeutschen der BRD, einverleiben lassen dürfen.

Mich, Immo, dem Jungen vom fernen Planeten »Tora« beschleicht eine Ahnung, dass bereits im Jahre 1990 der Grundstein für etwas ganz Großes gelegt werden könnte:

Wie immer am Anfang steht zunächst eine Idee!

In diesem Falle geht es aber nicht um die Idee eines einzelnen Menschen, sondern um die Idee eines ganzen Volkes.

Offenbar fühlen 17 Millionen Bürger das Gleiche:

Eingebettet in eine tiefe Solidarität zueinander beabsichtigen sie, für ihre Familien, Kinder und Kindeskinder etwas Neues zu wagen, etwas Neues, was zunächst noch niemand eindeutig beschreiben kann, etwas, was zur Zeit noch diffus im Raume schwebt, aber alle wissen bereits zu diesem Zeitpunkt, dass dieses »diffuse Etwas« nur zu schaffen ist durch die gemeinsame Anstrengung aller!

Zeigt sich hier, dass bereits 1990 etwas Großes im Entstehen ist, etwas, was möglicherweise Einfluss auf die gesamte Gemeinschaft der Erdmenschen haben könnte?

Ich, Immo, werde den Fortgang von Beginn an mit allergrößtem Interesse für mein Geschichtsstudium verfolgen.

Bisher hat mich auf der »Menschenerde« besonders das Schicksal der englischen Prinzessin Diana und das Leben des deutschen Diktators Adolf Hitler interessiert – ich bin aber auch fasziniert von der »Völkerwanderung« des Volkes der Ostdeutschen,

denn:

Etwas Großes wird offenbar bereits jetzt im Kleinen geboren!

Zu Ihrer Information, verehrter Leser, zeige ich ihnen den Planeten »Tora«, auf dem ich lebe und zwei weitere erdähnliche Planeten in und an unserem Sonnensystem – den der »Kersteken« und den der »Keraner«.

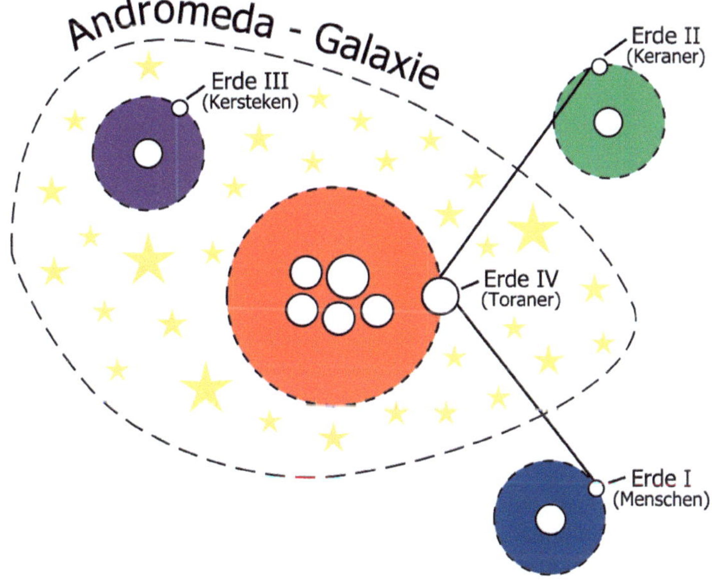

Abb. 1   Schema   –   Darstellung   der   Andromeda-Galaxie   und die Lage von vier Planeten, die alle die Bezeichnung »Erde« führen – nach der Idee des Verfassers.

– die Entfernung von der »Menschenerde« bis zur Andromeda-Galaxie beträgt etwa 2.500.000 Lichtjahre.

Damit Sie sich eine Vorstellung vom Aussehen der »Toraner« machen können, füge ich zwei Bilder von meiner Mutter und mir hinzu.

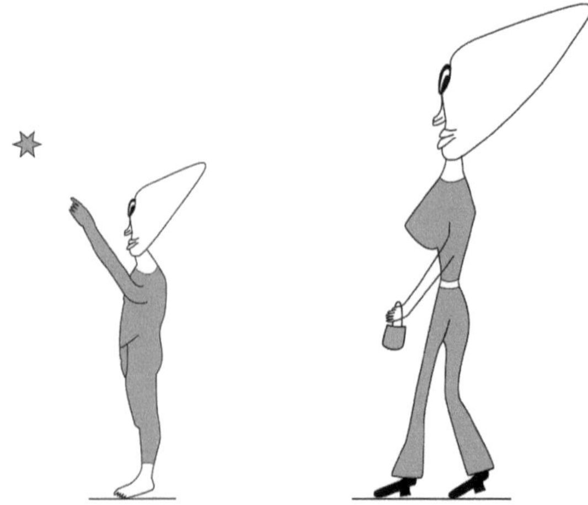

Abb. 2   *Immo, ein Junge auf dem Planeten »Tora« (links) und seine Mutter (rechts) – nach der Idee des Verfassers.*

– die Körpergröße der Erwachsenen beträgt etwa 95 Zentimeter

Wegen der überaus engen Beziehung der drei genannten Planeten zur »Menschenerde« nennen wir diese entsprechend dem angefügten Schema Erde 2, Erde 3 und Erde 4 – wobei die »Menschenerde«, entsprechend der noch hevorzuhebenden Bedeutung für uns »Toraner«, Erde 1 genannt wird.

Ich werde mich zu gegebener Zeit immer wieder zurückmelden, um die Vorgänge auf Erde 1 zu kommentieren,

- **ohne mich aber in die Belange der Menschen einzumischen.**

In die Vorgänge auf der »Menschenerde« einzugreifen, wäre für uns von Erde 4 aus sehr einfach.

Wir »Toraner« sind ein viele Millionen Jahre altes hochentwickeltes Volk mit weltweit reichenden technischen Möglichkeiten, von denen die Menschen nicht einmal in ihren kühnsten Zukunftsromanen zu träumen wagen. Welche enge Verbindung es zwischen uns »Toranern« und den Bewohnern von der »Menschenerde« gibt, erfahren sie, verehrter Leser, später. Insbesondere werden sie dann auch wissen, weshalb wir in gar keinem Falle, im Guten wie im Bösen, in das Leben der Menschen eingreifen dürfen!

Dieses Geheimnis löse ich später auf mit dem Versprechen:

Es wird noch richtig spannend!

Mein Vater, ein General von »Tora«, wird mich bei meinen weiteren Studien unterstützen.

3.0 Eine Idee wird geboren – Demokratischer Sozialismus als »Echte Staatsform«

Drei führende Männer der DDR haben sich getroffen:

1. Der Staatsratsvorsitzende

2. Der Vorsitzende des Ministerrates

3. Der Präsident der Volkskammer

Nach eingehender Beratung bitten der Staatsratsvorsitzende und der Vorsitzende des Ministerrates den Präsidenten der Volkskammer am 03.04.1990 im Fernsehen das Ergebnis ihrer Beratungen zu verkünden:

"Wir schlagen vor, dass das Staatsgefüge der DDR in ein neues zeitgemäßes, politisches Regierungssystem überführt werden soll, unter dem Souverän des Volkes. Es soll geprüft werden, ob unter Nutzung der Vorzüge des DDR-Regierungssystems und der Vorzüge des BRD-Regierungssystems, ein neues, zukunftsweisendes gerechteres Regierungssystem entwickelt werden kann, unter Nutzung **sozialistischer** und **demokratischer** Elemente, und zwar der

DEMOKRATISCHE SOZIALISMUS.

Breite Schichten unseres Volkes sind ganz kurzfristig an uns herangetreten und haben uns aufgefordert, in der angesprochenen Richtung tätig zu werden.

Nach dem Fall der Mauer sind wir in einer geradezu einmaligen historischen Situation, für die Bürger unseres DDR-Territoriums die Vorteile von Sozialismus und Demokratie als Regierungsform und Wirtschaftssystem zu nutzen – denn wir sind ein **freies und souveränes Land** mit Orientierungsmöglichkeiten nach Osten, aber nunmehr auch nach Westen.

Wir werden kurzfristig die Volkskammer um Genehmigung bitten, einen »Parlamentarischen Rat« zu bilden, der dann Arbeitsgemeinschaften ins Leben ruft für die Neuordnung unseres gesamten gesellschaftlichen Lebens, einschließlich aller Wirtschaftsfragen. Am Ende steht dann die Abstimmung aller Wahlberechtigten der DDR über die erarbeitete Verfassung. Der neue Name unseres Heimatlandes könnte möglicherweise lauten (Vorschlag von uns Dreien):

Deutsche Demokratisch-Sozialistische Republik (DDSR)

Lasst das Volk entscheiden!"

gez.:   Präsident der Volkskammer der DDR

Staatsratsvorsitzender der DDR

Ministerratsvorsitzender der DDR

Ostberlin, 03.04.1990

4.0 Die Neue Verfassung für die »Deutsche Demokratisch-Sozialistische Republik« (DDSR)

(ehemals: DDR)

4.1 Vorbemerkung des Parlamentarischen Rates

Vorbemerkung zu Präambel und Neuer Verfassung:

»Wir wollen nach 45 Jahren DDR mit

- 17 Millionen Bürger eingesperrt durch eine meterhohe, dicke Steinmauer

- ausgespäht vom Staatssicherheitsdienst

- unterdrückt mit Panzern vom »russischen Bruder«

- klein gehalten und geknebelt von den DDR-Regierungen mit Polizei, Soldaten und Unterorganisationen

- berufliches Fortkommen von der Mitgliedschaft in der kommunistischen Einheitspartei SED abhängig

- 44 Jahre verlogene Propaganda im Sinne der Staatsobehäupter Pieck, Ulbricht, Stoph und Honnecker mit der heilsbringenden Lehre von Sozialismus und Kommunismus

- Männer, Frauen und Kinder beraubt der Menschenwürde, gekennzeichnet durch Entzug von Freiheit, Selbst- und Mitbestimmung

nie gewährter Selbstverwirklichung neu beginnen.

Selbst der Besuch allernächster Verwandter in der BRD war nicht möglich:

- wer es dennoch versuchte, wurde wie ein Schwerverbrecher weggesperrt oder bei Flucht an der »Mauer« erschossen
- Reisefreiheit war für uns ein Fremdwort

Wahrlich, diese Staatsform konnte man weder sozialistisch, kommunistisch noch kommunistisch-sozialistisch nennen!

Keiner der vielen DDR-Buchautoren zu dieser Thematik hat auch nur in Nuancen etwas beschrieben, was im weitesten Sinne tatsächlich der Staatsform des »gelebten« Arbeiter- und Bauernstaates entsprach.

Es gab aber durchaus eine ganze Reihe von **Errungenschaften** in unserer so oft verteufelten DDR, auf die wir Volksgenossen trotzdem richtig stolz waren:

- diese Errungenschaften waren sozialer Art und passen deshalb durchaus zu einem wirklichen, gelebten sozialistisch geprägten Staat

Erstaunlich daran ist, dass nicht wir, das Volk, diese Errungenschaften demokratisch einleiteten, weil wir bis 1984 nur die »Sozialistische Einheitspartei Deutschland« (SED) wählen durften, erstaunlich ist vielmehr, dass uns die verhassten DDR-Regierungen damit »beschenkten«. Freie Kindergärten, kostenlose Krankenversorgung, gesicherte Renten und keine Arbeitslosigkeit waren schon Veränderungen, die wir DDR-Bürger von Grothewohl, Pieck, Ulbrecht und Co. gerne annahmen.

Wir sind nunmehr ein souveränes Land. Wir wollen uns endgültig freimachen von jenen Lügnern und Unterdrückern aus 45 Jahren DDR und dem Hitler-Deutschland, aus dem wir hervorgingen.

Wir, die 17 Millionen dieses Landes, wollen unter einem neuen Politischen Regierungssystem leben, das von uns 17 Millionen Bürgern geschaffen wird und hinter dem wir auch alle stehen.

Wir stellen mit den 61 Millionen Bürgern der BRD eine Nation dar. Wir wollen deshalb auch in Zukunft in allen Bereichen sehr eng mit unserem angestammten »Brudervolk« zusammenarbeiten. Es bietet sich an, aus den Erfahrungen der letzten 45 Jahre beider Völker zu lernen. Wir wollen die guten Seiten des

»demokratisch«-kapitalistischen Regierungssystems der BRD

und die guten Seiten des

»demokratisch«-»sozialistischen«

Regierungssystems der DDR

nutzen bei der Erarbeitung der »Neuen Verfassung« unseres Landes. Ein ganz wichtiges Indiz ist, wie schon gesagt, dass wir ein eigenständiges souveränes Volk unter den 200 Völkern dieser Erde bleiben möchten. Eine Übernahme in die BRD unter dem Schirm des BRD-Grundgesetzes **kommt für uns deshalb nicht in Frage**, weil dies für unser Volk und unser Land die Aufgabe unserer Identität bedeuten würde – das Volk der DDR und unser geliebtes Land DDR wären für immer Geschichte und

uns DDR-Bürger gäbe es dann nicht mehr!

Sollte es irgendwann einmal zu Verhandlungen zwischen der BRD und der DDSR (vormals DDR) über die Wiedervereinigung kommen, dann treten sich zwei souveräne Staaten auf »Augenhöhe« gegenüber – das »Schlucken« des Kleinen durch den Großen ist dann ausgeschlossen.

Aus den vielen tausend Büchern und Schriften, wie z.B von Marx und Engels, haben die Menschen bis heute nichts gelernt. Die etwa 100 Länder auf der Erde, die Kommunismus und/oder Sozialismus als Regierungsform wählten, schafften nur Unrecht und Unfreiheit, verbunden mit Armut.

Alles »Neue Gedankengut« blieb nur Fiktion; niemand konnte bisher die vorgelegten Ideen gerecht für das Volk umsetzen.

Genauso unproduktiv blieb auch jene sehr kontrovers geführte Diskussion von DDR-Autoren zur DDR-Wende, mit den verpassten Chancen nach dem Fall der Mauer am 09. November 1989. Mit dieser theoretisch-akademischen Diskussion können wir Bürger absolut nichts anfangen – ›alles nur brotlose Kunst!‹

Aufgrund dieser Gegebenheiten muss uns aber eines klar sein:

Das Wort »Sozialismus« hat bei vielen Menschen auf der Erde einen faden Beigeschmack, insbesondere auch herbeigeführt durch jene jahrelange verlogene Verherrlichung durch unsere eigenen DDR-Regierungen. Bei der Schaffung unserer »Neuen Lebensordnung« werden wir deshalb für jede Unterstützung aus anderen Ländern sehr dankbar sein. Auf der anderen Seite müssen wir aber auch damit rechnen, dass uns aus nah und fern ein »eisiger Wind« entgegenbläst, der noch zunimmt, sobald das Wort »Sozialismus« im Raume steht. Während wir DDRler im November/Dezember 1989 noch auf unserer Glückswolke schwebten, schritt man in unserem Nachbarland BRD rascher zur Tat, denn:

- **bereits 19 Tage** nach jenem legendären Großereignis des Mauerfalls nahm sich unser »**Neuer Großer Bruder BRD**« der kleinen DDR an, indem Bundeskanzler Dr. Helmut Kohl am 28.11.1989 erklärte, wie man sich den künftigen Umgang mit dem »Kleinen Bruder« vorstellt

Besonders der letzte Punkt des »10-Punkte-Plans« des Herrn Kohl stimmte uns alle sehr zuversichtlich, denn er sagte wörtlich:

›Mit dieser umfassenden Politik wirken wir auf einen Zustand des
Friedens in Europa hin,

in dem das Deutsche Volk in

»FREIER SELBSTBESTIMMUNG«

seine Einheit wiedererlangen kann.

Die Wiedervereinigung , d.h. die Wiedergewinnung

der Staatlichen Einheit Deutschlands,

bleibt das politische Ziel der Bundesregierung.‹[1]

In dieser so frühen, ganz plötzlich über uns 17 Millionen hereingebrochenen Phase eines unbeschreiblichen Glücksgefühls, hätten wir alle Herrn Dr. Kohl wie einen allerbesten, lieben vertrauten Freund an unsere Brust drücken mögen:

›WIEDERVEREINIGUNG

unser beiden Völker durch

FREIE SELBSTBESTIMMUNG, herbeigeführt

durch alleinige Entscheidung der 61 Millionen Westler

und der 17 Millionen Ostler,

einTraum wird wahr!‹

---

[1] *http://www.glasnost.de/hist/verein/89zehnp.html*

Den meisten von uns schwebte natürlich in dieser allerfrühesten Phase eines Wiedervereinigungsgedankens als Selbstverständlichkeit vor:

›Man wird die Vorzüge des Kapitalismus mit den

Vorteilen des Sozialismus verbinden,

hin zu einer Bürgerlichen Demokratie

mit Sozialer Marktwirtschaft.‹

Heute, im Januar/Februar 1990, sind wir aufgewacht aus unseren »Träumen« über die uns geschenkte Freiheit am 09. November 1989. Auch bei unserem »Großen Bruder« ist man nach überschwänglichem Höhenflug mit dem Kanzlerwort

›FREIE SELBSTBESTIMMUNG

BEIDER DEUTSCHER VÖLKER‹

wieder unten angekommen und besinnt sich seiner familiären Pflichten. Familiäre Pflichten kann natürlich auch bedeuten, dass der große Bruder seine Meinung ändert und seine Überlegenheit nutzt, um den »Kleineren an der Hand« zu führen.

Im Januar/Februar 1990 ist nichts geblieben vom Kohl-Kanzlerwort im November 1989!

So möchte man zunächst sogenannte erste demokratische Neuwahlen in der DDR durchführen und das möglichst schnell. Die neugewählte Regierung soll damit umgehend einer Eingliederung der DDR unter dem Schirm des BRD-Grundgesetzes in die BRD zustimmen.

Dazu sagen die von der BRD lancierten und in der DDR, Januar/Februar 1990, neu gegründeten Pateien dann auch ganz unverhohlen:

- CDU/Allianz für Deutschland: Nie wieder Sozialismus!
- Ost-SPD: Wir fordern ökologisch orientierte soziale Marktwirtschaft

Für die CDU beantwortet sich die Forderung ›Nie wieder Sozialismus‹ ganz von selbst, sobald man uns 17 Millionen in das kapitalistische BRD-System mit »Grundgesetz-Deckel« überführt hat.

Die SPD weiß wohl nicht einmal selbst, was ihre Forderung bedeuten könnte, denn man müsste wohl das Grundgesetz (GG) vorher ändern, davon ist aber keine Rede!

Des weiteren ist es für uns DDR-Bürger geradezu beängstigend, in welch atemberaubender Geschwindigkeit Dr. Kohl und sein »Tross« das gesamte DDR-Volk »**umbetten**« möchte,

aus einem unfreien, aber »behütenden« Sozialismus

in einen »freien«, aber sich als Raubtier gebärdenden Kapitalismus.

Alle wesentlichen BRD-Politiker und Unternehmer drängen mit allergrößter Kraft darauf, die DDR noch 1990 in die BRD einzugliedern.

Von FREIER SELBSTBESTIMMUNG

beider deutschen Völker ist keine Rede mehr!

**Das bedeutet nicht mehr und nicht weniger,
dass 108.000 Quadratkilometer DDR-Land
zusammen mit seinen 17 Millionen Bürgern
im Kapitalismus der BRD
einfach unwiederbringlich verschwinden sollen.**

Der noch 1989 geträumte Traum von Demokratie und Sozialismus zweier vereinter Brudervölker derselben Nation bleibt damit für alle Zukunft auch weiterhin nur ein Traum.

Es gilt nunmehr, unser eigenes Schicksal in die Hand zu nehmen und den unseriösen egoistischen Machenschaften unseres »Westbruders« BRD entgegenzuwirken.

Wir sind das einzige Land, dass nach 45 Jahren Sozialismus tatsächlich die Möglichkeit hat, nach unserem Volkswillen ein neues Politisches Regierungssystem zu erarbeiten, dass gekennzeichnet ist durch Demokratie und Sozialismus als gleichberechtigte Säulen unseres neuen Staates. Voraussetzung ist unser Lernen aus der Zeitspanne der vergangenen 45 Jahre.

Viele unserer Bürger meinen, ›es wäre schon eine wundervolle Sache, falls es uns gelänge, aus der jüngsten Geschichte von DDR/BRD zu lernen und Fehler der Vergangenheit nicht zu wiederholen.‹

Die von der BRD und den neuen DDR-Parteien vorgeschlagene erste, sogenannte freie Wahl zum 28. März 1990 in der DDR haben wir bereits einhellig zusammen mit der Volkskammer, dem Ministerrat und dem Staatsrat abgelehnt. Wir lassen uns vom Westen und den Vorsitzenden der neuen DDR-Parteien nicht überfahren.

Die Westler haben in den vergangenen 45 Jahren schon als Kinder in der Schule gelernt, was demokratische Wahlen bedeuten und wie man sie durchführt. Immerhin wählte man nach dem 2. Weltkrieg am 25. Januar 1987 bereits zum 11. Mal den Deutschen Bundestag, das Bundesparlament der BRD.

Für das Verstehen und die Durchführung demokratischer Wahlen nach dem Prinzip der Stimmabgabe »**allgemein, unmittelbar, frei, gleich und geheim**« benötigen wir 17 Millionen noch etwas Zeit. Wir werden uns anstrengen und sind uns sicher, dass wir nicht die 45 Jahre der Westler in Anspruch nehmen müssen.

Nach unserem noch etwas ungenauen Zeitplan halten wir es durchaus für möglich, dass in etwa 12 Monaten unsere neue Verfassung dem DDR-Volk zur Nachbesserung und in 18 Monaten zur Abstimmung vorgelegt werden kann. Danach dürften wir so weit sein, die Kandidaten für die neuen Verfassungsorgane aufzustellen und durch das DDR-Volk wählen zu lassen. Bis zu dem Tage des Inkrafttretens der neuen Verfassungsorgane bleibt die alte DDR-Verfassung von 1968 (Egänzung und Änderung 1974) in Kraft. Unsere Volkskammer wird dazu die notwendige gesetzliche Legitimation aussprechen.

Herrn Bundeskanzler Dr. Helmut Kohl und die weiteren politischen und wirtschaftlichen Repräsentanten der BRD bitten wir um Nachsicht, falls unser Vorhaben nicht ganz problemfrei verläuft – man bedenke, für uns ist alles neu.

Wir haben nun für die uns selbst gestellten Aufgaben »gute« 18 Monate Zeit. **Ein vom Westen für die DDR angedachter Wiedervereinigungstermin unserer beiden Länder, bereits zum Oktober 1990, ist damit auch vom Tisch.**

Wiedervereinigung im »Sauseschritt« ist für uns keine Option!

Auch die mit allergrößter Geschwindigkeit geplante Wahl zum 18. Bundestag kurz nach der »Wiedervereinigung« bleibt Fiktion des Westens. Wir 17 Millionen Bürger der kleinen DDR sind froh, dass es uns erspart bleibt, an den »demokratischen« Wahlen zusammen mit Westdeutschland teilzunehmen, an einer Wahl, die wir sowieso nicht verstehen.

Führen Sie, verehrte Bürger der BRD, weiterhin ihre Wahlen zu Bundestag, Länderparlamenten, Kreistagen und Gemeindevertretungen unter dem »Schirm des Grundgesetzes« durch, der ihnen bereits 1949 von den sich selbst ins Leben gerufenen Parteien übergestülpt wurde.

Wir Bürger unserer kleinen DDR möchten nunmehr endlich selbständig werden, nachdem wir unsere Freiheit wiedergewonnen haben. Unsere Kinder haben uns versprochen, das, was ihnen die westdeutschen Kinder hinsichtlich Leben in und mit einer Demokratie voraus haben, schnellstens nachzuholen. Sie wollen in den nächsten 18 Monaten in der Schule mit Hilfe ihrer Lehrer alles lernen, was sie instand setzt, echte Demokraten zu werden. Gleichzeitig wollen sich Lehrer und unsere Schulkinder darüber Gedanken machen, wie sozial, gerecht und fürsorglich der neue »DDR«-Sozialismus sein sollte, unter dem Motto:

Glück, Zufriedenheit und ein gesichertes Auskommen

für die Bürger der jetzigen DDR, ihre Kinder und

die Kinder der Kinder unter dem Schutzschirm

von Demokratie und Sozialismus!

›Liebe Kinder, fragt Papa , Mama, Oma, Opa, Tanten, Onkel und Freunde, was in der "Alten DDR" gut war und/oder was man unbedingt verbessern sollte.‹ «

4.2 Vorüberlegung zur Gestaltung der »Neuen Verfassung« Säule 1: DEMOKRATIE Säule 2: SOZIALISMUS

Säule 1: DEMOKRATIE

In unserer »Neuen Verfassung« der DDSR verankern wir als Kernelement das Prinzip der **Gewaltenteilung** – hierbei lehnen wir uns sehr stark an das Regierungssystem der BRD an, das u.a. auf Bundesebene **im wesentlichen** durch die Trennung der drei Gewalten Legislative, Exekutive und Judikative gekennzeichnet zu sein scheint.

Legislative (Gesetzgebung)	Bundestag, Bundesrat, Landtage
Exekutive (Regierung)	Bundesregierung, 14 Landesregierungen
Judikative (Richter)	Bundesverfassungsgericht, Landesverfassungsgerichte, Bundesgerichte, Landesgerichte, Kreisgerichte

Leider können wir die durch das Grundgesetz (GG) festgeschriebene Teilung der Gewalten nicht kritiklos übernehmen, denn in der Wirklichkeit, z.B. bezogen auf die Bundesebene der BRD, gibt es keine saubere Trennung der Gewalten.

Die Parteien schlagen die Kandidaten für das Parlament (Bundetag/Legislative) vor – die wahlberechtigten Bürger wählen dann in allgemeiner, unmittelbarer, freier, gleicher und geheimer Wahl die Bundestagsabgeordneten. Deren Privileg ist es, nur ihrem Gewissen untertan zu sein. Sie sind also an Weisungen nicht gebunden.

Der Bundestag beschließt dann für die Zeit seiner Wahlperiode (4 Jahre) die nicht zustimmungspflichtigen Bundesgesetze und zusammen mit dem Bundesrat die zustimmungspflichtigen Bundesgesetze.

Mit besonders herausgehobener Aufgabe wählen die Bundestagsabgeordneten dann den Chef der Bundesregierung, den Bundeskanzler, der nach seiner Wahl und Vereidigung die Fachminister bestimmt. Der Bundeskanzler mit seinen Fachministern bildet dann das Bundeskabinett, wobei der Bundeskanzler als Regierungschef die Richtlinien der Bundespolitik bestimmt.

Im Schema Abb. 4 erscheinen die Organe des Politischen Regierungssystems der BRD sehr klar und eindeutig voneinander getrennt – Bundestag, Bundesregierung, Bundesrat, Bundesverfassungsgericht und Bundespräsident – hervorgegangen aus dem Souverän des Volkes, den wahlberechtigten Bürgern der BRD.

Leider ist ein solches Schema nicht geeignet und in der Lage, Vor- und Nachteile des in Abb. 4 dargestellten Politischen Regierungssystems herauszustellen.

Wie schon angedeutet ist positiv unbedingt anzumerken, dass die »Väter des Grundgesetzes« 1949 die Trennung der Gewalten

– Gesetzgebung, Regierung, Gerichtsbarkeit –

unbedingt sicherstellen wollten. Übergeordnet sollte dann der **Bundespräsident** stehen, der aber, genau genommen, zur ausführenden Gewalt, der Exekutive, gehört. Leider ist die »tatsächlich gelebte« BRD nicht als echte Demokratie zu bezeichnen, weil sie mit einer ganzen Reihe von Makeln behaftet ist. Diese Demokratie unterliegt nur dem »Prinzip einer Demokratie«, aber lebt sie nicht.

Hinweis: Beachte besonders die Ausführungen unter a) und b)

zu a) **Die BRD hat keine Verfassung.** Es steht aber eindeutig im Paragrafen 146 GG:

> **"Dieses Grundgesetz, dass nach Vollendung der Einheit und Freiheit Deutschlands für das gesamte deutsche Volk gilt, verliert seine Gültigkeit an dem Tag, an dem eine Verfassung in Kraft tritt, die von dem deutschen Volke in freier Entscheidung beschlossen worden ist."** [2]

Danach wäre es nach dem Fall der Mauer an der Zeit gewesen, den ausdrücklich provisorischen Charakter des GG aufzuheben. Beide Staaten hätten gleichberechtigt eine neue Verfassung erarbeiten müssen. In einem gemeinsam zu formulierenden Vertrag hätte man dann die Deutsche Einheit beider Staaten festgeschrieben.

- **die BRD und die DDR gäbe es dann nicht mehr,** sondern ein »Neues Wiedervereintes Deutschland« mit neuem Staatsnamen

Dieser Wiedervereinigungsvertrag wäre in Kraft getreten, sobald das Volk der BRD und das Volk der DDR der »Neuen Verfassung« zugestimmt hätten. Die beiden provisorischen »Verfassungen« – das Grundgesetz der BRD und die Verfassung der DDR wären dann nur noch Geschichte gewesen.

Leider hörte man zu den oben vorgetragenen Gedanken aus der BRD keinerlei Absichtserklärungen. Jener, bereits Ende 1989 von den Medien ausgerufene »Wiedervereinigungs-Kanzler«, Dr. Helmut Kohl, und seine Vasallen dachten jedoch gar nicht daran, beide Völker gleichberechtigt zu vereinen.

Die einhellige Willenserklärung der BRD-Westler war »Schlucken« des Staates DDR mit allen Bodenschätzen, Fabriken, Betrieben, Häusern und Ländereien mit Bauernhöfen und Tieren, einschließlich seiner 17 Millionen Bürger. Natürlich wird auch mit keinem Wort die Notwendigkeit der Neuformulierung einer »Neuen Verfassung« erwähnt, mit der erforderlichen Zustimmung des gesamten »**Neuen Deutschen 80 Millionen-Volkes«.**

---

[2] *Grundgesetz für die Bundesrepublik Deutschland; Deutscher Bundestag Berlin (2016)*

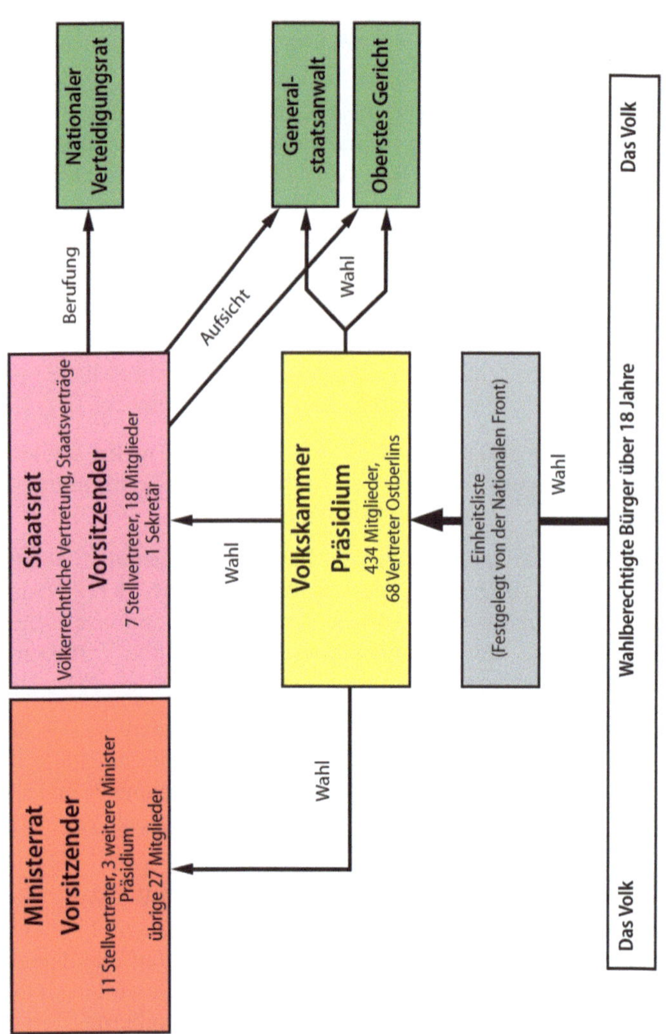

Abb. 3 *Schema – Regierungssystem der Deutschen Demokratischen Republik (DDR).*

Staat von 1949 bis 1990, Umzeichnung nach

http://lenizingg.over-blog.de/pages/51_Model_der_DDR-2533266.html und Ergänzung durch den Autor.

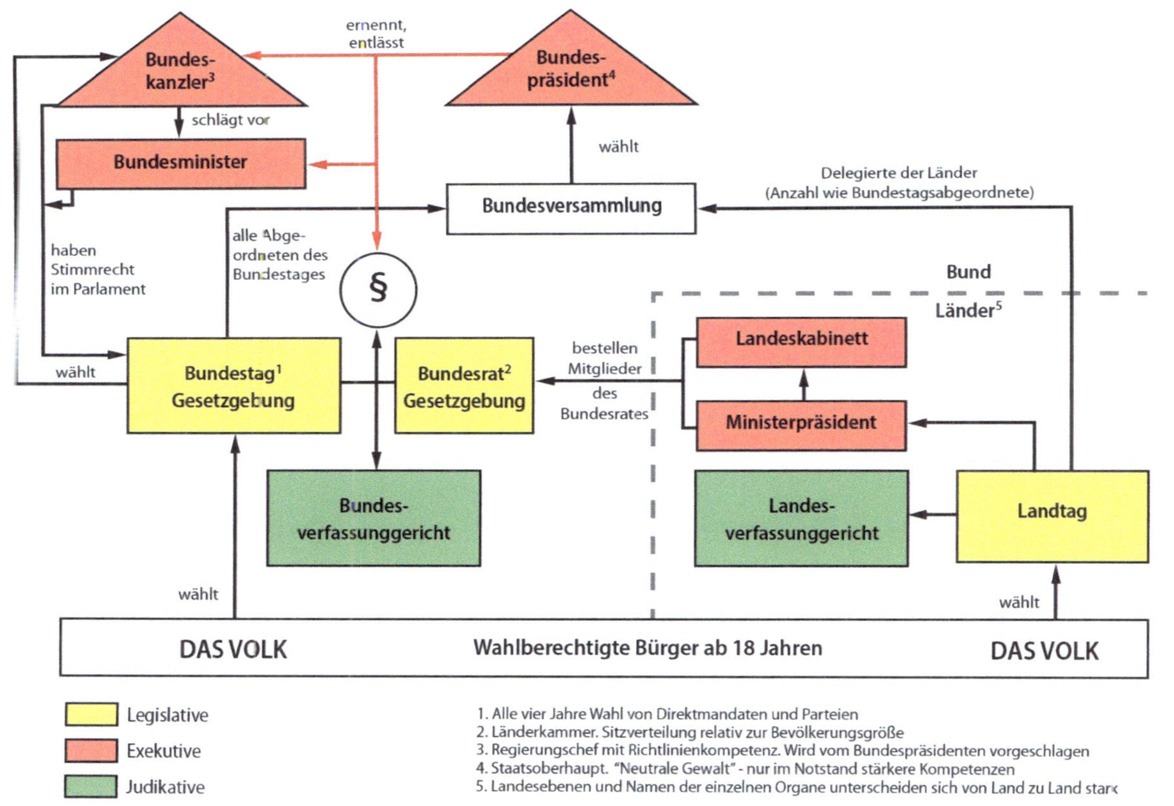

Abb. 4: Schema – Regierungssystem der Bundesrepublik Deutschland.

Umzeichnung nach https://de.wikipedia.org/wiki/ Politisches_System_der_Bundesrepublik_Deutschland und Ergänzung nach dem Grundgesetz durch den Autor

Somit musste davon ausgegangen werden, dass nach dem Willen der westdeutschen Repräsentanten, geführt von Dr. Kohl, in aller Eile die DDR in die BRD einzugliedern war. Das hätte bedeutet, dass keiner der 17 Millionen DDR-Bürger jemals an einer Verfassung mitwirken durfte (abgesehen von der Verfassungszustimmung 1968, die nicht demokratisch war) – noch in nächster Zukunft mitwirken darf.

Die DDR-Verfassung wurde den damaligen DDR-Bürgern 1949 von seinen Regierenden aufgepfropft, genauso wie man es für die Zukunft vor hat, den heutigen DDR-Bürgern 1990 das Grundgesetz der BRD aufzuerlegen.

Denn:

- kein DDR-Bürger hat jemals an diesem Grundgesetz mitgewirkt
- aber auch kein Bürger des BRD-Volkes durfte bisher über das eigene Grundgesetz abstimmen

"Schon eine merkwürdige Demokratie, in die man uns 17 Millionen hineinziehen will!"

Die Mächtigen der BRD sehen ihr Regierungssystem gerne als Parlamentarische Demokratie. Eine echte Demokratie zeichnet sich aber durch eine eindeutige Trennung der genannten drei Gewalten aus, was aber für die »gelebte Praxis« im politischen Regierungssystem der BRD an vielen Stellen nicht zutrifft. Falls wir zunächst die Bundesebene betrachten, fällt Folgendes auf:

- der bundesdeutsche Wähler wird alle 4 Jahre an die Wahlurne gerufen, wo er mit Erst- und Zweitstimme die etwa 500 Abgeordneten des Deutschen Bundestages, das Parlament, wählt (die Erste Gewalt)
- damit ist die parlamentarische Teilhabe von 37,7 Millionen **tatsächlich wählenden** Bürgern (z.B. Bundestagswahl 1987) für die Zeit der nächsten Wahlperiode erledigt:

"Der Mohr hat seine Schuldigkeit getan!"

Der Bürger gibt nach der Wahl seine politischen Einflussmöglichkeiten und damit seine Macht ab – überträgt diese ersatzlos und unwiederbringlich an die von ihm gewählten Bundestagsabgeordneten, die man **nun** mit Recht »Volksvertreter« nennen kann.

Den 37,7 Millionen Wählern und den übrigen 23,1 Millionen BRD-Bürgern, (einschließlich Nichtwähler/ungültige Stimmen), also dem ganzen Volk, bleibt nur noch überlassen, dem Treiben seiner Parlamentsvertreter ohnmächtig zuzuschauen.

Und nun geht es erst richtig los:

Die Abgeordneten, deren Parteien sich bei der Bundestagswahl für eine Mehrheit zusammengeschlossen haben, bilden die Regierungskoalition und wählen den Bundeskanzler (Regierungschef), der dann die 14 Minister der 14 Fachministerien bestimmt.

Also: Das Bundes-Parlament (Legislative) bestimmt direkt über die Wahl des Bundeskanzlers und indirekt über die Mitglieder der Bundesregierung (Exekutive). Umgekehrt haben aber der Bundeskanzler und seine 14 Fachminister nach ihrer Wahl mit den übrigen 485 Abgeordneten im Bundestag (Parlament) weiterhin volles Stimmrecht.

Das bedeutet:

Der Bundeskanzler wählt sich als zukünftiger Chef der Bundesregierung im Bundestag selbst – er ist also vor seiner Wahl Bundestagsabgeordneter und nach seiner Wahl sowohl Bundeskanzler (Chef der Exekutive) wie auch stimmberechtigtes Mitglied im Bundestag (Legislative/Parlament). [1949 gab die Stimme von Dr. Konrad Adenauer den Ausschlag für seine Wahl zum 1. Bundeskanzler der neuen BRD].

Der Bundeskanzler kann nach dem Grundgesetz sogar sich selbst das Misstrauen (Misstrauensvotum: Artikel 67 (1) GG) aussprechen und sich damit **selbst abwählen**, falls er es aus eigenen taktischen Erwägungen für notwendig erachtet, beispielsweise um Neuwahlen zu erzwingen!

Alle 500 Parlamentsangehörige, einschließlich der Bundesregierung mit dem Regierungschef und seinen 14 Fachministern, unterliegen einem unerhörten Weisungsdruck ihrer Parteien. Widerspenstige Bundestagsabgeordnete und Regierungsmitglieder werden, ganz einfach ausgedrückt, von ihren Parteien zur nächsten Bundestagswahl nicht wieder aufgestellt. Um dieses abzusichern, waren die Bundeskanzler Dr. Konrad Adenauer, Ludwig Ehrhard, Kurt Georg Kiesinger, Willy Brandt, Dr. Helmut Kohl gleichzeitig auch Vorsitzende ihrer Parteien. Somit ist beispielsweise Dr. Kohl 1989 **gleichzeitig**

- Parteivorsitzender der CDU,

- stimmberechtigtes Mitglied im Parlament des Deutschen Bundestages und

- als Bundeskanzler Regierungschef der BRD (Exekutive)

Eine Anzahl von Abgeordneten des Bundestages und eine gleiche Zahl von Mitgliedern der Landesregierungen bilden alle 5 Jahre die Bundesversammlung mit dem Auftrag, den Bundespräsidenten zu wählen.

Deutlich wird hier:

Nicht nur die Parlamentarier aus dem Bundestag und 14 Landesregierungen wählen das Staatsoberhaupt, nein, die Mitglieder der Bundesregierung bestimmen wiederum als Parlamentarier mit ab bei der Auswahl der Mitglieder der Bundesversammlung. Dieses ist jedoch nicht bedeutsam. Wirklich problematisch ist aber die Tatsache, dass die Kandidaten für das Amt des Bundespräsidenten von den jeweiligen Parteivorsitzenden ausgewählt werden. Von einer parlamentarischen Mitbestimmung der Abgeordneten kann also überhaupt nicht die Rede sein. Die sogenannte Wahl des Bundespräsidenten ist somit oft nichts als Augenwischerei – also wiederum eine starke Verquickung von Legislative und Exekutive unter dem Diktat der Parteien.

Und unter diesem Motto geht es auch sogleich weiter:

Bundestag und Bundesrat wählen nach Vorschlag der Parteien die Mitglieder des Bundesverfassungsgerichtes (BVG).

Merke: Nachdem das Volk das Bundesparlament und die Länderparlamente gewählt hat, vollzieht sich die Bildung der Einzelorgane des Politischen Regierungssystems der BRD völlig problemlos und lange eingeübt – unter Dominanz und ausschließlichem, durchsetzungsfähigem Gestaltungsanspruch der Regierungsparteien.

Die Auswahl der jeweiligen Personen für die genannten Institutionen bleibt dem Normalbürger verborgen.

Aber eines vermögen »wir Bürger« zu erkennen:

Die wichtigen Organe des politischen Regierungssystems der BRD

- Bundestag   (Gesetzgebende Gewalt)

- Bundesregierung   (Gesetzausführend Gewalt)

- Bundesverfassungsgericht   (Oberste Richterliche Gewalt)

können auf gar keinen Fall als voneinander unabhängige
Staatsorgane betrachtet werden:

Die Forderung nach Trennung der Gewalten
ist nicht erfüllt!

Auch der **Bundespräsident** als Staatsoberhaupt, ist nicht die laut
GG unabhängige, nur dem Volk verpflichtete erste Person im
Staate. Um diesem Anspruch zu genügen, wäre es für ihn
notwendig, sofort bei Dienstantritt lebenslang sein Parteibuch
abzugeben. Unabdingbar wäre es, sich durch eine
Volksabstimmung wählen zu lassen. Auch die Mitglieder des
Bundesverfassungsgerichtes sollten bei Dienstantritt ihre
Parteibücher auf Lebenszeit abgeben.

Aus diesem und den anderen zuvor kritisierten Gründen ist nicht
von der Hand zu weisen, dass das politische Regierungssystem der
BRD gekennzeichnet ist durch eine **Parteiendiktatur.** Keinesfalls
liegt eine **Demokratie im Sinne von Volksherrschaft** vor,
deutlich gekennzeichnet durch die Trennung der Gesetzgebenden
Gewalt (Parlament/Bundestag), der Ausführenden Gewalt
(Bundesregierung) und der Richterlichen Gewalt
(Bundesverfassungsgericht).

Es ist ferner als wesentlicher Mangel festzuhalten, dass
Bundespräsidenten, Bundeskanzlern, Fachministern, Richtern am
Bundesverfassungsgericht und Abgeordneten des Deutschen
Bundestages nicht untersagt ist, nach Beendigung ihrer Amtszeit in
der Wirtschaft Beschäftigungsverhältnisse zu begründen, die
eindeutig zurückzuführen sind auf Kenntnisse und Kontakte aus
ihrer Amtszeit. So sollte untersagt werden, dass beispielsweise ein
Bundeskanzler während seiner Amtszeit gepflegte Beziehungen zu
Ölscheichs nutzt, um nach seiner Amtszeit für ein Millionengehalt
in der Ölbranche tätig zu werden.

Leider ist auch während der Amtszeit von Mitgliedern der
Politischen Organe nicht ausgeschlossen, dass diese sich nicht an
ihren Amtseid halten und für uns Wähler ganz unverständliche,
den Wähler auch abschreckende Aktionen starten könnten, wie es
z.B. durchaus denkbar wäre:

- ein Bundestagsabgeordneter hält aufwändige, hochbezahlte
  Vorträge vor Bankhäusern und Vorständen von
  Großunternehmen – aber zu wichtigen Abstimmungen im BT
  erscheint der Herr dann nicht, da er keine Zeit für die nur

seinem Gewissen verpflichtete Tätigkeit im Bundesparlament hat

- Flug des Verteidigungsministers mit einer Militärmaschine in den Urlaub – zusammen mit weiblicher Begleitung
- Fahrt der Familienministerin in den Urlaub, in ihrem Dienstwagen mit Chauffeur usw.

"Alles nur Menschen", sagen einige Mitbürger.

"Das ist richtig", erwidern andere, "aber der Wähler, der davon über Presse, Radio und TV erfährt, ist erschüttert und geht tief enttäuscht niemals wieder zu einer Bundestags- oder Landtagswahl!"

Positiv anzumerken ist die Schaffung des Bundesrates in der BRD. Vertreter der 14 Landesregierungen bringen ihr Fachwissen und die besonderen Probleme der Länder mit in die Beratungen der vom Bundestag (Parlament) erarbeiteten zustimmungspflichtigen Gesetzesvorlagen ein. Da die Beteiligung des Bundesrates (BR) bei der Verabschiedung der Bundesgesetze sehr effektiv die Interessen und Belange der Länder berücksichtigt, werden wir den BR nach dem Vorbild der BRD bei der Erstellung unserer DDSR-Verfassung als Verfassungsorgan, jedoch modifiziert und verpflichtet dem Gedanken der Volksnähe, unter neuer Bezeichnung (Länderkammer = LK) berücksichtigen.

zu b) Leider ist es so, dass jeder normalen demokratischen Verfassung eine riesengroße Ungerechtigkeit anhaftet, obwohl alle diese Völker und deren Regierungen ihre »Demokratie« in höchsten Tönen loben. Es ist in der Regel leider so, dass in allen Demokratien, die **Mehrheiten** die **Minderheiten** beherrschen, selbst dann, wenn die Minderheiten fast so groß sind wie die Mehrheiten. Die Parteien, die in den Parlamenten die meisten Abgeordnetenmandate erringen, bilden für die nächste Legislaturperiode die Regierung mit der Maßgabe, dass die Mehrheit der Abgeordneten die Gesetze erlässt und durch ihre Regierungsvertreter innen- sowie außenpolitisch alle wichtigen Entscheidungen trifft – sachlich und personell.

Die Abgeordneten, die nicht zur Regierungsmehrheit gehören, bilden die innerparlentarische Opposition, ohne jeden realen Einfluss auf die Regierungsgeschäfte der Regierungsmehrheit. Ihnen bleibt lediglich, die Regierung zu kritisieren – eine "Ansammlung zahnloser Tiger, die nicht richtig beißen können", wie es oft sarkastisch heißt. Es handelt sich hierbei um eine

Gruppe von Abgeordneten ohne jede Macht, die ihre Parlamente lediglich als »Quasselbude« nutzen oder während der Sitzungen häufig Strickarbeiten erledigen – also praktisch nichts erreichen.

Weder vermögen sie es in der Regel, die Entscheidungen der Regierung zu torpedieren, noch anstehende Abstimmungen in ihre Richtung durchzusetzen. Diese Abgeordneten sind aber häufig auch außerparlamentarisch in Presse, Radio und Fernsehen aktiv und bilden dann gewissermaßen ein Bündnis mit den Millionen Wahlverlierern. Hier spricht man dann von außerparlamentarischer Opposition.

Weshalb diese Konstellation im Rahmen einer Demokratie – auf die wir doch so stolz sind – ungerecht ist, sei an dem folgenden Beispiel demonstriert.

Wahl zum 11. BUNDESTAG der BRD

Wahltag: 25.01.1987

Einwohner der BRD:	60.800.000
Wahlberechtigte:	45.327.982
Wahlbeteiligung:	84,3 %
Wähler:	38.225.294
Gültige Stimmen:	37.742.813
Erststimme:	37.742.813 (100%)
Zweitstimme:	37.867.319 (100%)

Stimmenanteil nach amtlicher Auszählung:

Union (CDU/CSU)	44,3 %
FDP	9,1 %
SPD	37,0 %
Grüne	8,3 %

Parteien unter 5 %-Klausel (sonstige)	1,4 %
Nicht zur Wahl gegangene Wahlberechtigte	15,7 %

Regierungsmehrheit im BT: *CDU/CSU/FDP*   *53,4 %*
Bundeskanzler (Regierungschef) Dr. Helmut Kohl mit seinen 14 Fachministern.

Opposition im BT: *SPD/Grüne*   *45,3 %*

Danach gilt für **Parteien** und **wahlberechtigte Bürger**, die **nicht** in der Regierung des BRD-Volkes repräsentiert sind:

SPD	**37,0 %**
Grüne	**8,3 %**
Parteien unter 5 %-Klausel (sonstige)	**1,4 %**
nicht zur Wahl gegangene Wahlberechtigte	**15,7 %**
ungültige Stimmen	**1,3 %**
Summe wahlberechtigter, aber nicht durch die Abgeordnetenmehrheit vertretener Bürger	***63,7 %***

Daraus ergibt sich für die hochgelobte Demokratie der BRD wie auch für jedes andere demokratische Regierungssystem unter den 200 Staaten unserer Erde:

Die unterlegenen Wahlbürger werden nach der Wahl an der Bildung der Regierung für die kommende Wahlperiode nicht beteiligt.

Besonders makaber, wie oben zu sehen, stellte sich das vom Grundgesetz demokratisch verbriefte Recht des bundesdeutschen Bürgers bei der Bundestagswahl am 25. Januar 1987 dar.

Westdeutsche Demokratie bedeutet in diesem Falle:

die **MINDERHEIT** regiert, die **MEHRHEIT.**

Denn:

Legitimiert durch **nur 19,8 Millionen Wähler haben die 282** BT-Abgeordneten von Union und FDP die Macht, nicht nur in ihrem Sinne Gesetze zu erlassen und mit ihrem Bundeskanzler 4 Jahre lang sich selbst zu regieren, sondern auch **den gesamten Rest des BRD-Volkes mit 41,0 Millionen Bürgern!**

Praktisch gesehen üben nunmehr nur 19,8 Millionen Wähler von Union und FDP Macht aus über 41 Mllionen weitere BRD-Bürger.

Demnach sind folgende Bürger des 60,8 Millionen-BRD-Volkes für die nächsten 4 Jahre nicht an der Regierung beteiligt:

nicht berücksichtigte Wahlberechtigte (Nichtwähler und ungültige Stimmen)	7.600.000
Wähler von SPD/Grüne/Sonstige	17.900.000
Restbevölkerung (nicht Wahlberechtigte) der BRD	15.500.000

Drei Fragen werden an dieser Stelle aufgeworfen:
1. Darf eine Demokratie (hier grundsätzlich gemeint) unter den beschriebenen Gesichtspunkten noch als gerecht bezeichnet werden?

2. Ist eine Demokratie unter den beschriebenen Gesichtspunkten wirklich erstrebenswert?

3. Darf eine Demokratie, wie beschrieben unter den vorgetragenen Gesichtspunkten, sogar mit Waffengewalt in andere Länder getragen werden?

Immerhin hat das Parlament (BT) zusammen mit dem Bundesrat (BR) jederzeit die Möglichkeit, mit 2/3 Mehrheit der Abgeordneten, Ungerechtigkeiten und Unklarheiten im GG abzuändern. Über den Bürgern in einer derartigen wie oben beschriebenen Demokratie hängt das »Damoklessschwert« mit der furchtbaren Option, dass alles noch schlimmer werden kann.

Es ist durchaus zu befürchten, dass die **frustrierten Nichtwähler immer mehr werden** und sich in Zukunft beispielsweise Regierungskonstellationen bilden wie:

20 % Minderheit regiert 80 % Mehrheit

10 % Minderheit regiert 90 % Mehrheit

1 % Minderheit regiert 99 % Mehrheit, also das ganze Volk!

- und dann sind wir da angekommen, wohin wir aber niemals wieder hinkommen möchten:

- eine Person regiert das gesamte Volk – 100 % aller Bürger!

- an Abschreckung nicht mehr zu überbieten jener Österreicher mit Namen Adolf Hitler, der sich 1933 nach Wahl des Deutschen Volkes zum Kanzler selbst zum Führer des Deutschen Volkes kürte, mit der Konsequenz:

Eine Person regierte 69,2 Millionen Deutsche, die sie dann auch promt in den Untergang führte!

Wir 17 Millionen sind stolz darauf, wiederum als Staatsform eine Republik gewählt zu haben, nur mit dem entscheidenden Unterschied zwischen damals und heute:

Damals, in der Deutschen Demokratischen **REPUBLIK,** waren Demokratie und Sozialismus so manipuliert, dass alles nur der Erhaltung und Sicherung der Gewaltherrschaft von wenigen diente, und zwar den Vorsitzenden und Leitfiguren der SED, der

Sozialistischen Einheitspartei Deutschlands, bei dem Entzug der Freiheit des Großteils des Volkes.

Heute, 1991, in der Neuen Deutschen Demokratisch-Sozialistischen **REPUBLIK** beschreiben wir das von uns zu schaffende Staatsgebilde mit größter Selbstverständlichkeit in den Worten der klassischen Definition, bezogen auf die Schrift »DE RE PUBLICA« (lat.: Über das Gemeinwesen) eines staatstheoretischen Werkes des römischen Politikers und Philosophen **Marcus Tullius Cicero,** verfasst etwa 54-51 v. Chr.:

"Est igitur res populi, populus
autem non omnis hominum coetus quoquo
modo congregatus , sed coetus multitudinis
iuris consensu et utilitatis communione soziatus."

Zu deutsch:

*"Es ist also das Gemeinwesen die Sache des Volkes.
Volk ist aber nicht jede Vereinigung von Menschen,
die auf irgendeine Weise zusammengewürfelt wurde,*
***sondern die Vereinigung einer Menge, die sich
aufgrund einer Übereinstimmung bezüglich
des Rechts und einer Gemeinsamkeit bezüglich
des Nutzens verbunden hat."***

Dazu passt auch, dass bei der Schaffung unserer Republik, die wichtigen Staatsorgane – Volkspräsident (Staatsoberhaupt), Volkskammer (Legislative), Staatsrat und Ministerrat (Exekutive) und Oberstes Verfassungsgericht (Judikative) – derart streng von einander getrennt sind, dass kein Individium und keine Gruppe aus unserem Volk absolute Macht erlangen kann!

Hinzu kommt, dass »**Republik**« für uns auch bedeutet, dass alle Wahlen nach den bereits genannten demokratischen Wahlgrundsätzen durchgeführt werden:

- **allgemein**
- **unmittelbar**
- **gleich**
- **frei**
- **geheim**

Zur Erklärung:

Allgemein: Dieses bedeutet, dass jeder Bürger ohne Ansehen seines Standes, seines Vermögens, seines Steueraufkommens, seines Geschlechts, seiner

Volkszugehörigkeit, seiner Schulbildung oder seiner politischen Überzeugung seine Stimme abgeben kann und kein Wähler unberechtigt von der Wahl ausgeschlossen wird.

Unmittelbar: Dieses bedeutet, dass nur ein Kandidat oder eine Partei gewählt werden kann. Jeder Wahlberechtigte muss selbst seine Stimme (Wahlschein) im Wahllokal abgeben. Eine Ausnahme bildet die Briefwahl.

Gleich: Dieses bedeutet, dass jeder Wähler über die gleiche Anzahl von Stimmen verfügt, die den gleichen Zählwert haben. Zum Grundsatz der Gleichheit gehört auch die Chancengleichheit der Parteien.

Frei: Dieses bedeutet, dass keinerlei Druck wie Verbote, Sanktionen oder Diskriminierungen auf die Wähler ausgeübt werden dürfen, zum Beispiel, um sie zur Teilnahme an der Wahl oder zur Stimmabgabe für eine bestimmte Partei zu zwingen.

Geheim: Dieses bedeutet, dass jeder Wähler seine Stimme so abgibt, dass niemand nachprüfen kann, wie er oder sie sich entscheidet oder entschieden hat. Die Wähler müssen also bei der Stimmabgabe unbeobachtet sein.

Jeder wahlberechtigte Bürger hat das Recht, nach den fünf von der Verfassung vorgegebenen demokratischen Grundsätzen zu wählen. Jeder wahlberechtigte Bürger hat aber auch das Recht, nicht zu wählen – **es bedarf dazu keiner Begründung!**

Aber jeder **wahlberechtigte Bürger ist VERPFLICHTET, an den folgenden 4 Wahlen mitzuwirken:**

1. Wahl   alle 8 Jahre
Volkspräsident (Staatsoberhaupt)
Richter des Obersten Verfassungsgerichtes
Richter des Landesverfassungsgerichtes
(die Wahl dieser 3 Staatsorgane findet am gleichen Tag statt)

2. Wahl   alle 8 Jahre
Volkskammer (Parlament)

3. Wahl   alle 8 Jahre
5 Landesparlamente der 5 Länder)

4. Wahl   alle 8 Jahre
           Kreistag (»Parlament«)
           Gemeinderat (»Parlament«)
           (die Wahl dieser 2 Gremien findet am gleichen Tag
           statt)

Der wahlberechtigte Bürger ist aufgerufen, an 4 Wahltagen innerhalb von 8 Jahren in seinem jeweiligen Wahllokal oder per Brief seinen amtlichen Stimmzettel abzugeben.

Falls der wahlberechtigte Bürger weder einen Kandidaten noch eine Partei wählen möchte, macht er den Stimmzettel ungültig und wirft den Stimmzettel in die Wahlurne oder schickt ihn in einem verschlossenen Brief an die Wahlkommission.

Da Kreistag und Gemeinderat am gleichen Tag gewählt werden, ergeben sich daraus in jeweils 8 Jahren **nur** 4 Wahltage!

Zur Übersicht:

1 Wahltag: VO Prä, OVerfG, LVerfG

1 Wahltag: Vk

1 Wahltag: 5 Landtage (LT)

1 Wahltag: alle Kreistage und Gemeinderäte der Republik

Somit gilt nach unserer »Neuen Verfassung« für die DDSR:

RECHT des Bürgers bei den 4 demokratischen Wahlen

- jeder wahlberechtigte Bürger darf an den Wahlen zu den genannten Verfassungsorganen teilnehmen (jeder in seinem Wahlbezirk)

- es gelten die oben genannten 5 demokratischen Wahlgrundsätze

PFLICHT des Bürgers bei den 4 demokratischen Wahlen

- jeder wahlberechtigte Bürger, der nicht wählen möchte, ist verpflichtet, seinen Amtlichen Stimmzettel ungültig zu machen

- der ungültige Stimmzettel ist dann im geschlossenen Brief, in einem weiteren Briefumschlag einschließlich Absender und bezahltem Porto, an die Wahlkommission zu senden

- oder der Bürger erscheint am Wahltag persönlich in seinem Wahllokal und wirft seinen ungültigen Stimmzettel eigenhändig in die Wahlurne

Nochmals:

Es besteht nach unserer neuen DDSR-Verfassung **keine Verpflichtung** des wahlberechtigten Bürgers, bei den 4 in der Republik angesetzten demokratischen Wahlen einen Kandidaten und/oder eine Partei zu wählen

- **es gibt also keine Wahlpflicht!**
- **es gibt aber die PFLICHT des Bürgers, an den 4 genannten Wahlen teilzunehmen,**

indem der Bürger, der weder einem Kandidaten noch einer Partei seine Stimme geben möchte, zumindest seinen von ihm selbst ungülig gemachten Amtlichen Stimmzettel in die Wahlurne seines Wahllokales wirft oder seinen ungültig gemachten Amtlichen Stimmzettel per Brief an die Wahlkommission schickt.

Wir wollen unbedingt vermeiden, den wahlberechtigten Bürger mit einer Wahlpflicht zu belegen.

Der mündige Bürger soll auf keinen Fall zu seinem "DEMOKRATISCHEN RECHT" bei der Wahl des VOPräs, der Parlamente und der zwei VerfG gezwungen werden.

Auf der anderen Seite ergibt sich aber für jeden einzelnen Wahlberechtigten nach den Erfahrungen des gezahlten hohen Preises von »45 Jahren DDR-Gefängnis« die Verpflichtung, die nunmehr erkämpfte Freiheit auch wahrzunehmen!

Aus diesem Grunde appelieren wir an die moralische Einsicht aller wahlberechtigten Bürger, die große Chance zu ergreifen, für die Gestaltung unserer Zukunft und die Zukunft unserer Kinder nach »45 Jahren Mauer und Stacheldraht« zu den vier angesetzten Wahlen zu gehen, um dort erstmals als **freie** und **gleiche** Menschen die Kandidaten und Parteien ihres Vertrauens in geheimer Wahl zu wählen.

[Im Anhang finden Sie zu Ihrer Information eine Aufstellung der Länder, die bei Strafe ihre wahlberechtigten Bürger verpflichten, bei parlamentarischen Wahlen ihre Stimme abzugeben (Wahlpflicht)].

Säule 2: SOZIALISMUS

Der wirtschaftliche Zustand der DDR ließ sich zum Ende des Jahres 1989 durch die Formulierung weniger Sätze kennzeichnen:

- niedrige Arbeitsproduktivität in Industrie, Dienstleistung und Landwirtschaft

- chronischer Mangel in der Versorgung der Bevölkerung, selbst mit den alltäglichen Bedarfsgütern

- wachsender technologischer Rückstand gegenüber dem Westen

- Immobilismus (Starrsinnigkeit, Unbeweglichkeit als Grundhaltung) und Stagnation verlangten nach einer Radikalkur, sollte das Land gegenüber seinen westlichen Konkurrenten nicht noch hoffnungsloser ins Hintertreffen geraten

Verantwortlich für diese Misere waren die etwa 50-60 Mitglieder des **Staatsrates** und des **Ministerrates**, die das Millionenvolk wie in einer Diktatur regierten

- jederzeit unterstützt von der Einheitspartei SED und den über 500 Vertretern der **Volkskammer**

Obwohl der Sozialismus in der Verfassung der DDR als absolut volksnah, vom Volke initiiert beschrieben wird, war in den 45 Jahren DDR davon praktisch nichts zu spüren, denn über Staatsrat und Ministerrat stand nochmals, (Abb. 5) als weisungsberechtigter Überbau, das ZENTRALKOMITEE (DAS POLITBÜRO UND SEKRETARIAT DER SED).

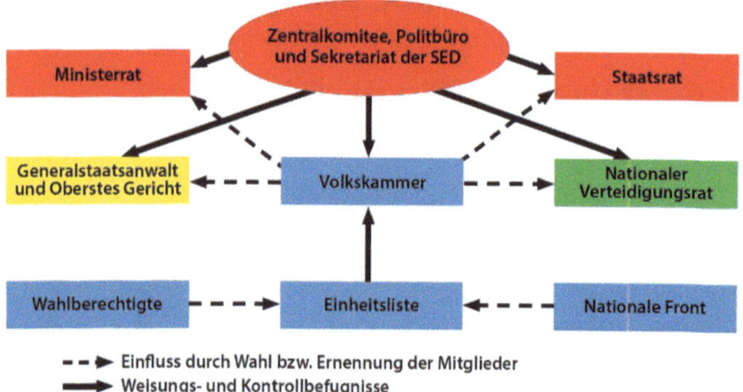

*Abb. 5   Schema – Das politische System der DDR.
Staat von 1949-1990, Umzeichnung nach
https://www.abiweb.de/assets/courses/img/geschichte-
deutschland-nach-1945*

Jede sozialistische Wirtschaftspolitik erfordert die demokratische Beteiligung der Arbeitenden an den Wirtschaftsentscheidungen auf allen Ebenen

- sie erfordert die **Wirtschaftsdemokratie.** In ihr können Markt und Plan, kontrolliertes Privateigentum und öffentliches sowie genossenschaftliches Eigentum zweckmäßig kombiniert werden

So schrieb man dann auch in die Präambel der »Verfassung der Deutschen Demokratischen Republik« vom 06. April 1968:

"In Fortsetzung der revolutionären Traditionen der deutschen Arbeiterklasse und gestützt auf die Befreiung vom Faschismus hat das Volk der Deutschen Demokratischen Republik in Übereinstimmung mit den Prozessen der geschichtlichen Entwicklung unserer Epoche

- **sein Recht auf sozial-ökonomische, staatliche und nationale Selbstbestimmung verwirklicht und gestaltet die entwickelte sozialistische Gesellschaft."**[3]

Bereits in dieser Veränderung gegenüber 1968 erhielt die bestehende DDR-Verfassung ausdrücklich die Bezeichnung »SOZIALISTISCH«, in der aber besonders auf die Vormachtsstellung der SED hingewiesen wurde. Allein schon der 1. Artikel galt der rechtlichen Absicherung des staatlichen Führungsanspruches der SED, indem von der

"Verwirklichung des Sozialismus durch die Führung der Arbeiterklasse und ihrer marxistisch-leninistischen Partei"

die Rede war. Da half dann auch nicht mehr der Artikel 86, in dem steht:

"Die sozialistische Gesellschaft, die politische Macht des werktätigen Volkes, ihre Staats- und Rechtsordnung sind die grundlegende Garantie für die Erhaltung und Verwirklichung der Verfassung im Geiste der
GERECHTIGKEIT,
GLEICHHEIT,
BRÜDERLICHKEIT
und
MENSCHLICHKEIT."

Heute fragt man sich, ob die Rechtsgelehrten der DDR der deutschen Sprache tatsächlich mächtig waren, denn für das Volk waren die oben in der Verfassung verbrieften Garantien ein einziger Hohn! Gerechtigkeit, Gleichheit, Brüderlichkeit und

---

[3] *https:www.uni-potsdam.de/u/slavistik/vc/rlmprcht/schule/archiv/ ddr/ddrverfassung.html. In der Fassung vom 07. Oktober 1974*

Menschlichkeit wurden in ihrer perversen Verkehrung dadurch deutlicher, wenn der mündige »DDR-Bruder« von seinem »Polizei/Soldaten-Bruder« erschossen wurde, falls er Mauer und Stacheldraht zu überwinden suchte, um das, seit dem 13. August 1961 bestehende »Gefängnis DDR«, kurzfristig oder auf Dauer zu verlassen.

Als angenehm bewertete das Volk aber die sogenannten
»Errungenschaften der DDR«

- **gesicherte Renten**
- **freie Kranken-und Krankenhausleistungen**
- **gesicherte Arbeit**
- **kostenloser Besuch von Schulen und Universitäten**
- **freie Kinderkrippen**
- **praktisch keine Kriminalität**

Leider waren aber auch die Wahlen nicht demokratisch, denn bereits am Beginn der Bildung der Staatsorgane (Abb 5) steht eine undemokratische Einheitsliste. Das wird besonders bei der Wahl der DDR-Volkskammer am Wahlbeispiel 1986 deutlich.

Wahlsystem:[4]

- Wahl per Einheitsliste mit der Möglichkeit Kandidaten zu streichen

Besonderheiten:

- Zustimmung durch Abgabe eines unmarkierten Stimmzettels
- geheime Wahl nicht obligatorisch, aber möglich – offene Wahl erlaubt und propagiert
- keine Wahlpflicht, aber starker gesellschaftlicher Druck

Wie bei der Wahl der Volkskammer (Legislative/Parlament) haperte es auch gewaltig bei der Bildung der Judikative, und zwar an ganz wesentlicher Stelle bei der Zuordnung der Verantwortlichkeit (Artikel 3, DDR-Verfassung). Dort steht:

"Das **Oberste Gericht** ist der **Volkskammer** und zwischen ihren Tagungen dem **Staatsrat** verantwortlich."

---

[4] *http://www.wahlrecht.de/lexikon/ddr.html*

Frage: Wie sollte also der so gepriesene »DDR-SOZIALISMUS« funktionieren ohne demokratische Grundregeln?

Antwort: **Eine durch Gewaltenteilung gekennzeichnete »Echte Demokratie« wäre nun einmal die Voraussetzung für einen »Echten Sozialismus«!**

Zusammenfassung:

Für unser Ziel, in unserer neuen DDSR eine Verfassung zu etablieren, die dem hohen Ziel eines

DEMOKRATISCHEN SOZIALISMUS in
FREIHEIT und GLEICHHEIT
unter dem Schirm des
SOZIALISMUS
entspricht,
sind die Verfassungen der BRD und der DDR
nur bedingt hilfreich.

4.3 Präambel der DDSR

"Das ist der Widerspruch unserer Zeit, dass der Mensch die Urkraft des Atoms entfesselte und sich jetzt vor den Folgen fürchtet:

- dass der Mensch die Produktivkräfte aufs höchste entwickelte, ungeheure Reichtümer ansammelte, ohne allen einen gerechten Anteil an dieser gemeinsamen **Leistung zu verschaffen**

- dass der Mensch sich die Räume dieser Erde unterwarf, die Kontinente zueinander rückte, nun aber in Waffen starrende Machtblöcke die Völker mehr voneinander trennen als je zuvor und totalitäre Systeme seine Freiheit bedrohen

- darum fürchtet der Mensch, gewarnt durch die Zerstörungskriege und Barbareien seiner jüngsten Vergangenheit, die eigene Zukunft, weil in jedem Augenblick an jedem Punkt der Welt durch menschliches Versagen das Chaos der Selbstvernichtung ausgelöst werden kann

- aber das ist auch die Hoffnung dieser Zeit, dass der Mensch im atomaren Zeitalter sein Leben erleichtern, von Sorgen befreien und Wohlstand für alle schaffen kann, wenn er seine täglich wachsende Macht über die Naturkräfte nur für friedliche Zwecke einsetzt

- **dass der Mensch den Weltfrieden sichern kann, wenn er die internationale Rechtsordnung stärkt und das Wettrüsten verhindert**

- **dass der Mensch dann zum ersten Mal in seiner Geschichte jedem die Entfaltung seiner Persönlichkeit in einer gesicherten Demokratie ermöglichen kann, zu einem Leben in kultureller Vielfalt, jenseits von Not und Furcht**

- **diesen Widerspruch aufzulösen, sind wir Menschen aufgerufen. In unsere Hand ist die Verantwortung gelegt, für eine glückliche Zukunft oder für die Selbstzerstörung der Menschheit**

- **nur durch eine neue und bessere Ordnung der Gesellschaft öffnet der Mensch den Weg in seine Freiheit**

Diese neue und bessere Ordnung erstrebt der DEMOKRATISCHE SOZIALISMUS."[5]

Wir wollen dem künftigen Leben jedes einzelnen Bürgers der DDSR die folgenden **Grundwerte** voranstellen und zusichern:

FREIHEIT– GERECHTIGKEIT – SOLIDARITÄT.

Inhaltlich bedeutet das für die Zukunft unseres Volkes:

Freiheit, Gerechtigkeit und Solidarität bedingen einander und sind gleichrangig.

Gerechtigkeit gibt jedem die gleiche Chance zur Verwirklichung seiner Selbstbestimmung.

Solidarität verpflichtet zu einem Gebrauch der Freiheit als verantwortliches Glied der Gemeinschaft.

Die GRUNDWERTE SIND ERFÜLLT, WENN SIE IN ALLEN LEBENSBEREICHEN GELTEN!

(gez.: der Parlamentarische Rat der DDSR im März 1990)

---

[5] *Friedrich-Ebert-Stiftung e.V., Bonn, INV-Nr. 31.900, Herausgeber: Vorstand der Sozialdemokratischen Partei Deutschlands. Bonn 11/39*

(Zitiert aus dem Godesberger Programm der SPD von 1959.)

4.4 DEMOKRATIE
– »Echte Gewaltenteilung« vom Volk für das Volk

Wir wollen keine »Quasidemokratie« wie in der BRD, aber wir wollen auch kein »Einzelinteressen schützendes Verfassungsgebilde« nur zum Zwecke von Machtsicherung der Regierenden wie in der DDR.

Wir wollen nicht nur etwas Neues gestalten, sondern wir wollen mit der »Neuen Verfassung« der DDSR tatsächlich etwas nahezu Perfektes formen, ein Politisches Regierungssystem, das nur noch wenig an die Systeme von BRD und DDR erinnert.

Beide Regierungssysteme (BRD und DDR) sehen Sie zu Ihrer Information in den Schemata Abb. 4 und Abb. 5 dargestellt.

Von unserem Volk neu entwickelt finden Sie in Abb. 6 (Doppelseite 48/49) Aufbau und Gliederung der DDSR ab 1991 – die Verfassungsorgane auf Republik- und Landesebene:

- Volkspräsident
- Oberstes Verfassungsgericht, Landesverfassungsgericht
- Richterkammer
- Volkskammer, Länderkammer, 5 Länderparlamente
- Staatsrat, Ministerrat, 5 Landesregierungen

Obwohl in der BRD- und DDR-Verfassung vieles einer echten Kritik unter demokratischen Gesichtspunkten nicht standhält, wollen wir einige Dinge, die sich bewährt haben, trotzdem in Zukunft übernehmen. Wie wir uns das vorstellen, soll ihnen das oben genannte Schema auf der Doppelseite demonstrieren.

Unser Anspruch lautet:

Schaffung einer **echten** Demokratie mit **echter** Gewaltenteilung als **Voraussetzung** für einen Sozialismus in Freiheit, Gerechtigkeit und Solidarität.

Wir überspringen die theoretische Diskussion tausender Buchautoren und schreiten sogleich zur praktischen Durchführung.

Dazu zeigen wir Ihnen zunächst die wichtigsten Organe unserer »Neuen Verfassung« in der folgenden Abb. 6 und danach zur Übersicht als Aufzählung.

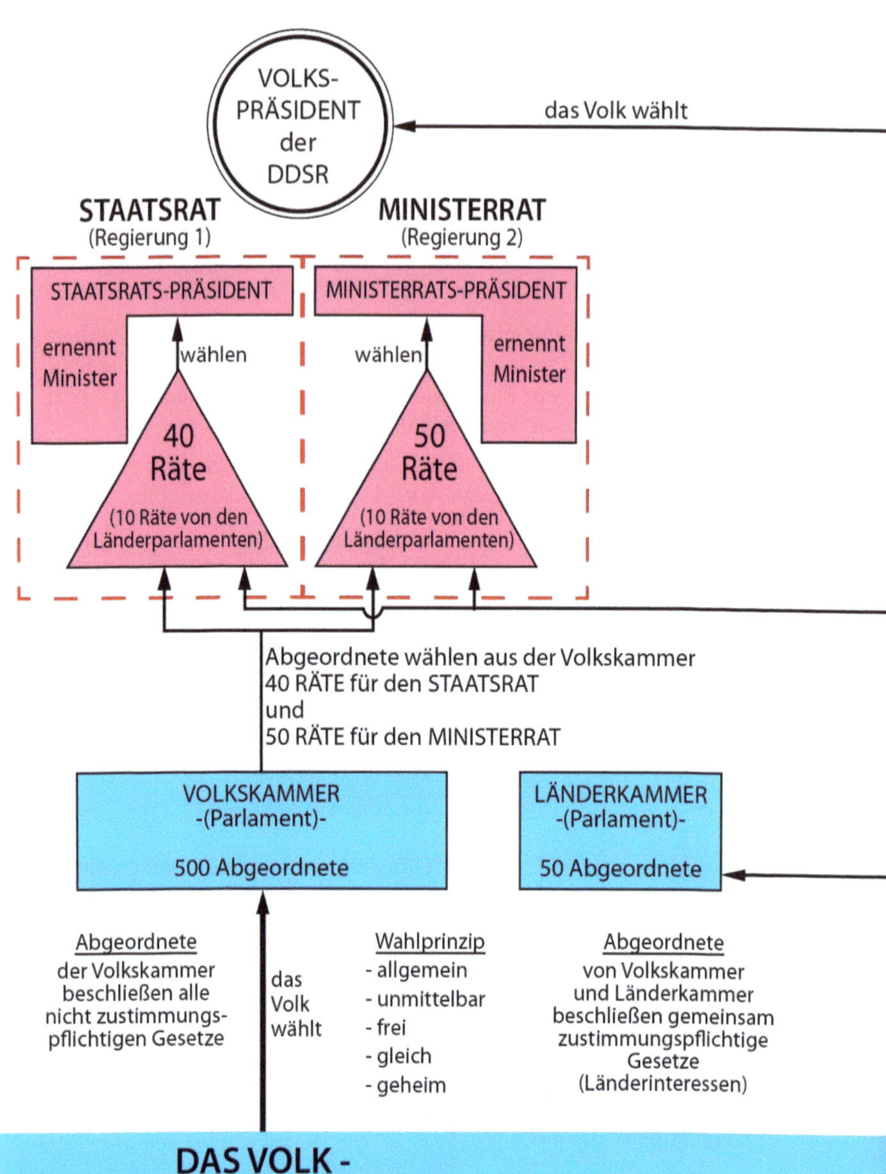

VOLKS-
PRÄSIDENT
der
DDSR

das Volk wählt

STAATSRAT
(Regierung 1)

MINISTERRAT
(Regierung 2)

STAATSRATS-PRÄSIDENT

MINISTERRATS-PRÄSIDENT

ernennt Minister

wählen

wählen

ernennt Minister

40 Räte
(10 Räte von den Länderparlamenten)

50 Räte
(10 Räte von den Länderparlamenten)

Abgeordnete wählen aus der Volkskammer
40 RÄTE für den STAATSRAT
und
50 RÄTE für den MINISTERRAT

VOLKSKAMMER
-(Parlament)-

500 Abgeordnete

LÄNDERKAMMER
-(Parlament)-

50 Abgeordnete

Abgeordnete
der Volkskammer beschließen alle nicht zustimmungs-pflichtigen Gesetze

das Volk wählt

Wahlprinzip
- allgemein
- unmittelbar
- frei
- gleich
- geheim

Abgeordnete
von Volkskammer und Länderkammer beschließen gemeinsam zustimmungspflichtige Gesetze
(Länderinteressen)

DAS VOLK -
wahlberechtigte Bürger der DDSR ab 17 Jahren wählen Abgeordnete der Volkskammer

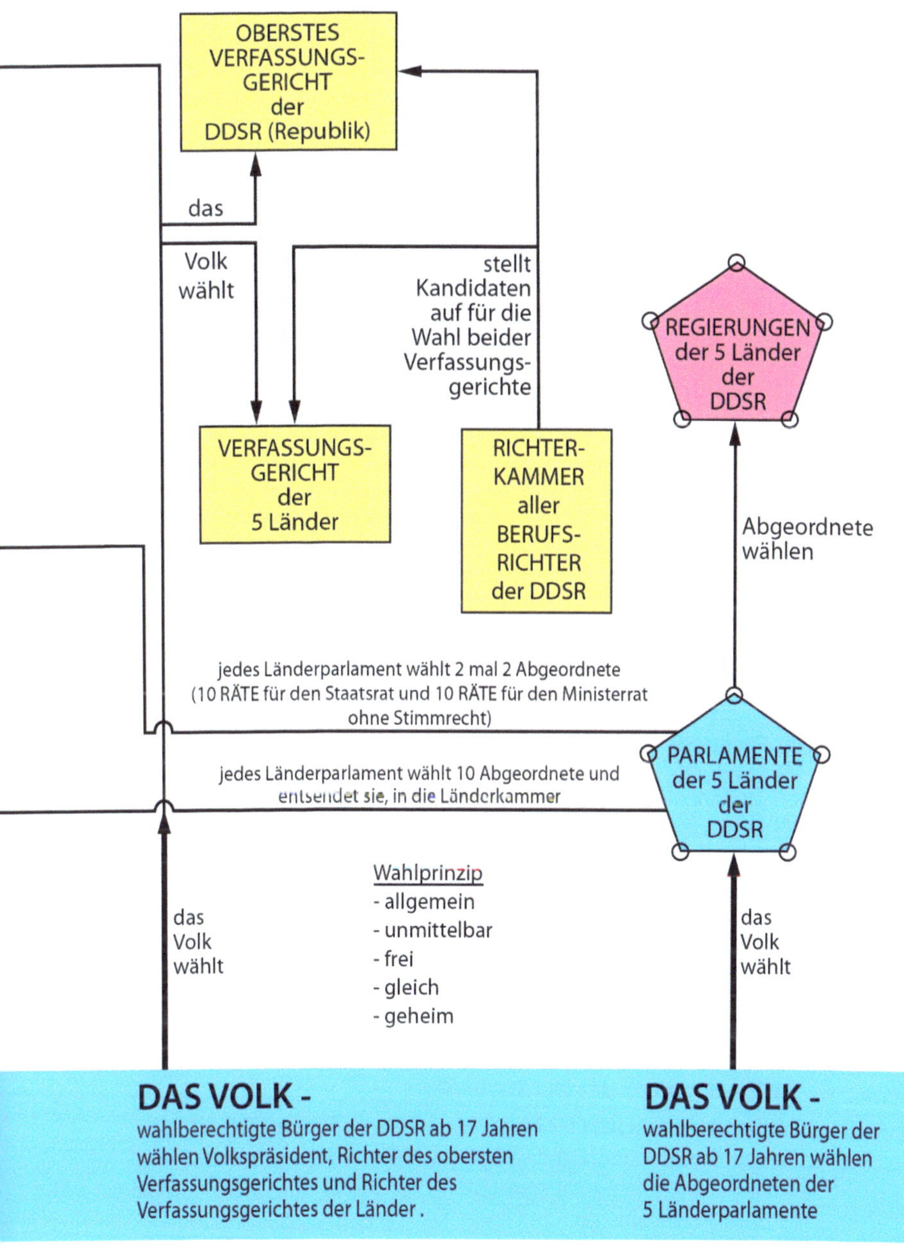

OBERSTES VERFASSUNGS-GERICHT der DDSR (Republik)
das
Volk wählt
stellt Kandidaten auf für die Wahl beider Verfassungsgerichte
VERFASSUNGS-GERICHT der 5 Länder
RICHTER-KAMMER aller BERUFS-RICHTER der DDSR
REGIERUNGEN der 5 Länder der DDSR
Abgeordnete wählen
jedes Länderparlament wählt 2 mal 2 Abgeordnete
(10 RÄTE für den Staatsrat und 10 RÄTE für den Ministerrat ohne Stimmrecht)
jedes Länderparlament wählt 10 Abgeordnete und entsendet sie, in die Länderkammer
PARLAMENTE der 5 Länder der DDSR
Wahlprinzip
- allgemein
- unmittelbar
- frei
- gleich
- geheim
das Volk wählt
das Volk wählt
DAS VOLK -
wahlberechtigte Bürger der DDSR ab 17 Jahren wählen Volkspräsident, Richter des obersten Verfassungsgerichtes und Richter des Verfassungsgerichtes der Länder .
DAS VOLK -
wahlberechtigte Bürger der DDSR ab 17 Jahren wählen die Abgeordneten der 5 Länderparlamente

*Abb. 6 Schema (Seite 48/49) – **Regierungssystem der***

> ***Deutschen Demokratisch-Sozialistischen Republik (DDSR)
> seit dem Jahre 1991*** *– nach der Idee des Verfassers.*
>
> *»Echte Demokratie« bedingt »Echte Gewaltenteilung« des Staates, deshalb bereits hier im Schema deutlich getrennt:*
>
> ***Farbe Blau*** *– **Gesetzgebende Gewalt**/Parlament mit Volkskammer, Länderkammer, 5 Länderparlamente*
>
> ***Farbe Rot*** *– **Ausführende Gewalt**/ Regierung 1/STAATSRAT mit Staatsratspräsident und Regierung 2/MINISTERRAT mit Ministerratspräsident und 5 Länderregierungen*
>
> ***Farbe Gelb*** *– **Rechtsprechende Gewalt**/, Oberstes Verfassungsgericht auf Republikebene, Vefassungsgericht der 5 Länder und Richterkammer mit allen übrigen Richtern der Republik*
>
> *Der **Volkspräsident** steht als völlig unabhängiges Staatsorgan über den 3 Demokratischen Gewalten!*

VERFASSUNGSORGANE AUF REPUBLIK- UND LANDESEBENE (Vergleiche dazu auch Abb. 6):

- **Volkspräsident**

STAATSOBERHAUPT der DDSR (VOPrä) mit 2 Vertretern als Oberster Repräsentant der DDSR und »moralischer Aufsichtsbeauftragter« der Bürger und aller Staatsbediensteten (Wahl durch das Volk)

- **Oberstes Verfassungsgericht**

Judikative – RICHTERLICHE GEWALT der DDSR (OVerfG) auf Republikebene (1. + 2. Senat) (Wahl durch das Volk)

- **Verfassungsgericht der Länder**

Judikative – RICHTERLICHE GEWALT der DDSR (LVerfG) der 5 Länder (Landesebene, 1. + 2. Senat) (Wahl durch das Volk)

- **Richterkammer der Berufsrichter**

Judikative – RICHTERLICHE GEWALT der DDSR auf Republikebene und Landesebene, wählt die Kandidaten für das Oberste Verfassungsgericht (OVerfG) und das Landesverfassungsgericht (LVerfG)

- **Volkskammer**

  Legislative – GESETZGEBENDE GEWALT der DDSR (VK) mit Volkskammerpräsident (VKPrä) und 500 Abgeordneten (einschließlich VKPrä), beschließt die nicht zustimmungspflichtigen Gesetze und zusammen mit der Länderkammer die zustimmungspflichtigen Gesetze (Wahl durch das Volk)

- **Länderkammer**

  Legislative – GESETZGEBENDE GEWALT der 5 Länder der DDSR (LK) –besteht aus 50 Vertretern der Länderparlamente – beschließt gemeinsam mit der Volkskammer (VK) die zustimmungspflichtigen Gesetze, die nach der Verfassung die Länder betreffen [Wahl der Länderkammermitglieder durch die Abgeordneten der 5 Länderparlamente nach Proporz (Verhältnis) aus den Reihen der Länderabgeordneten].

- **Parlamente der 5 Länder**

  Legislative – GESETZGEBENDE GEWALT der 5 Länder der DDSR (Wahl durch die wahlberechtigten Bürger der jeweiligen Länder). Neben der Bildung der 5 Landesregierungen haben die Parlamentarier noch die folgende Aufgabe:

  - die Abgeordneten der 5 Landesparlamente wählen 10 Räte für den StR und 10 Räte für den MiR als Berater in Sachen "Länderinteressen"; die Räte haben kein Stimmrecht

  - die Abgeordneten der 5 Landesparlamente wählen die 50 Mitglieder der Länderkammer

- **Staatsrat** (Regierung 1 der Republik)

  Exekutive – AUSFÜHRENDE GEWALT der DDSR (STR), mit Staatsratspräsident (STRPrä), volksrechtliche Vertretung nach außen, Staatsverträge, Oberbefehlshaber der Verteidigungsstreitkräfte im Krisenfalle, [40 Räte (RatStR) werden von den Abgeordneten der VK nach Proporz gewählt, die 40 RatStR wählen dann den STRPrä, der STRPräs beruft aus den übrigen Staatsräten seine Minister]

- **Ministerrat** (Regierung 2 der Republik)

  Exekutive – AUSFÜHRENDE GEWALT der DDSR (MiR), mit Ministerratspräsident (MiRPrä) als Regierungschef, [50 Räte (RatMiR) werden von den Abgeordneten der VK nach Proporz gewählt, 50 RatMiR wählen dann den MiRPrä, danach beruft der MiRPrä 11 Fachminister (FM) und

5 Republikbeauftragte (RB) mit besonderen Aufgaben in sein
Regierungsteam]

- **Regierungen der 5 Länder**

  Exekutive – AUSFÜHRENDE GEWALT der 5 Länder der
  DDSR
  (Wahl durch die Abgeordneten der zuständigen
  Landesparlamente)

4.5 SOZIALISMUS
– sozial mit gerechter Verteilung
des Volkseinkommens an das Volk

Genauso wie vom Macher Ludwig Erhard 1964 ins Leben gerufen,
entstellt auch 1989 immer noch das Schlagwort **»Soziale
Marktwirtschaft«** das tatsächliche wirtschaftliche Geschehen in
der BRD. In einem Land, in dem wie eh und je das Kapital das
Sagen hat, entscheiden in den kleinen wie in den großen Betrieben
allein die Mehrheitseigner (sog. Firmeneigner/Kapitalisten):

- der Firmeneigner, der Kapitalist, er allein mit seinem
  Geld (Kapital) bestimmt die Geschicke des Unternehmens

- der Firmeneigner – in der Regel **Arbeitgeber** genannt,
  stellt die Arbeitskräfte ein und entlässt seine Arbeiter und
  Angestellten - in der Regel **Arbeitnehmer** genannt, auch
  wieder – ganz so, wie er es für notwendig erachtet – nach
  Profitgesichtspunkten

- jungen Leuten gibt er eine Ausbildung nach Gutdünken
  gemäß seiner Einschätzung der wirtschaftlichen Lage
  oder auch nicht – geht es dem Unternehmer gut, verdient
  er möglichst viel, dann weist er das Wort »Ausbildung«
  wie ein ganz böses Fremdwort zurück, ein Wort, das ihm
  offenbar gar nicht geläufig ist – **"Ausbildung kostet
  mich ja etwas!"**

- entlohnt werden die Arbeitnehmer nach dem Motto, »Gib
  Deinem Abhängigen nur so viel, wie es unbedingt
  erforderlich ist – keine Mark mehr!«

- um Steuern zu sparen, bedient sich der Unternehmer
  fähigster Steuerfachberater; häufig werden

Riesengewinne über Ehepartner abgesichert oder in Steueroasen "vergraben"

- **ehrliche Steuern und gerechte Verteilung des Gewinnes an die Arbeiterschaft, das wäre »soziale Marktwirtschaft«!**

Vielmehr war es aber in der BRD bisher so, dass sich die Menschen vom gemeinsam erwirtschafteten Kapital, über das aber die Firmeneigner **alleine verfügten**, durch Streiks, Arbeitskämpfe und zähe Verhandlungen scheibchenweise etwas erkämpfen mussten – und das nannte man dann »Soziale Errungenschaften«. Auch gab und gibt es zuhauf weitere Beispiele in der BRD nach denen alleinerziehende Frauen und Männer im Niedriglohnsektor nur so viel Zuschüsse bekamen und bekommen, dass sie und ihre Familien nicht hungern müssen.

Nun muss man dem Kapitalismus allerdings zugestehen, dass aufgrund des rücksichtslos wirtschaftenden, von den Anteilseignern bezahlten Leitungspersonals, das Unternehmen wegen seiner unerhörten Wirtschaftsdynamik auch entsprechend Gewinne macht. Dies führt dann in der Regel dazu, dass derartige Unternehmen äußerst wettbewerbsfähig sind.

Für die DDR haben wir schon beschrieben, dass der DDR-Sozialismus mit seinen »Errungenschaften« wie Recht auf Arbeit und damit keine Arbeitslosigkeit, freie Krankenversorgung, sichere Renten, unentgeltlicher Besuch von Schulen und Universitäten etc. durchaus für das Volk etwas sehr Sinnvolles geschaffen hatte, was man in der BRD keinesfalls vergleichbar vorweisen konnte. 1989 war der DDR-Staat am Ende seiner wirtschaftlichen Kraft und hätte ohne drastische Veränderung zukünftig seinen Bürgern die genannten Errungenschaften nicht mehr garantieren können. Wegweisend für die Formulierung unserer »Neuen DDSR-Wirtschaftsordnung« könnte die SPD sein

- eine Partei aus der Arbeiterschaft des Volkes 1885 geboren und heute 1989, nur 100 Jahre später, von den BRD-Kapitalismus-Verfechtern CDU/CSU/FDP leider nicht mehr zu unterscheiden

Und doch hat sich diese große Volkspartei von allen anderen Parteien unterschieden, als sie als einzige Partei bei Gefahr für ihr Leben 1933 geschlossen gegen das Ermächtigungsgesetz von Adolf Hitler stimmte:

"Freiheit und Leben kann man uns nehmen, die Ehre nicht."
(Otto Wels, Parteivorsitzender der SPD, 1933 im Reichstag)

1959 hat sich die SPD wie in einer neuen Geburtsstunde erneut ihrer Wurzeln besonnen. In ihrem Godesberger Programm haben die Väter dieses Programms durch die Ächtung existierender Wirtschaftsverhältnisse in der BRD Gedanken für morgen entwickelt, die in ihrer Weitsichtigkeit einzigartig sind. Dazu auszugsweise einige Formulierungen aus dem Godesberger Programm von 1959:

*"[...] **Die Marktwirtschaft gewährleistet von sich aus keine gerechte Einkommens- und Vermögensverteilung.***

Dazu bedarf es einer zielbewussten Einkommens- und Vermögenspolitik.

Einkommen und Vermögen sind ungerecht verteilt.

*- Das ist nicht nur die Folge massiver Vermögensvernichtung durch Krise, Krieg und Inflation, sondern im wesentlichen die Schuld einer Wirtschafts- und Steuerpolitik, die die Einkommens- und Vermögensbildung **in wenigen Händen begünstigt** und die bisher **Vermögenslosen benachteiligt***

*[...] **Wer in den Großorganisationen der Wirtschaft die Verfügung über Millionenwerte und über Zehntausende von Arbeitnehmern hat, der wirtschaftet nicht nur,***

er übt Herrschaft über Menschen aus;

die Abhängigkeit der Arbeiter und Angestellten geht weit über das Ökonomisch-Materielle hinaus.

Wo das Großunternehmen vorherrscht, gibt es keinen freien Wettbewerb.

Wer nicht über gleiche Macht verfügt, hat nicht die gleiche Entfaltungsmöglichkeit, er ist mehr oder minder unfrei [...].

[...] Die sozialistische Bewegung erfüllt eine geschichtliche Aufgabe. Sie begann als ein natürlicher und sittlicher Protest der Lohnarbeiter gegen das kapitalistische System. Die gewaltige Entfaltung der Produktivkräfte durch Wissenschaft und Technik brachte einer kleinen Schicht Reichtum und Macht, den Lohnarbeitern zunächst nur Not und Elend.

Die Vorrechte der herrschenden Klassen zu beseitigen und allen Menschen Freiheit, Gerechtigkeit und Wohlstand

zu bringen – das war und das ist der Sinn des
SOZIALISMUS."[6]

---

[6] *Friedrich-Ebert-Stiftung e.V., Bonn, INV-Nr. 31.900, Herausgeber: Vorstand der Sozialdemokratischen Partei Deutschlands. Bonn 11/39*

Wir wollen uns aus den Kenntnissen und Erkenntnissen der weisen Sozialdemokraten von 1959 die Gedanken dieses Godesberger Programms weitestgehend zu eigen machen.

Leider verhält es sich wie bei den meisten theoretischen Abhandlungen, so auch hier, um anscheinend praxisferne Überlegungen. Das merkt man ganz deutlich daran, dass die Spitzenpolitiker der SPD der 80iger Jahre die Vokabel DEMOKRATISCHER SOZIALISMUS so gut wie nie benutzten.

Die Herren Brandt, Schmidt und Co. verfolgten in keiner Phase ihres Schaffens die Gedanken ihrer Vordenker von 1959 aus der eigenen Partei, sondern näherten sich immer mehr den "Schwätzern der Freien Marktwirtschaft" eines Ludwig Erhard von CDU, CSU und FDP an, obwohl sie wahrscheinlich mit zugegen waren, als **sie selbst** vom 13. bis 15. November in Godesberg formulierten:

"[...] Die Marktwirtschaft gewährleistet von sich aus

keine gerechte

Einkommens- und Vermögensverteilung. [...]

[...] Einkommen und Vermögen

sind ungerecht verteilt!" [7]

Wir, in unserer Arbeitsgemeinschaft, sind aber nunmehr nach reiflichem Studium dieser »SPD-Godesberg-Analyse«

des kapitalistichen Unrechts

zu der Überzeugung gekommen, noch einen Schritt weiter gehen zu müssen.

Wir werden ein neues wirtschaftliches System schaffen, und zwar an ganz zentraler Stelle, im Herzen unseres landesweiten Wirtschaftens **bei allen Firmen** ab einer bestimmten Größe.

Es gilt als neues Wirtschaftsrecht:

KAPITAL und ARBEIT sind GLEICHWERTIG!

Alle wichtigen Entscheidungen der Betriebsführung werden als gleichberechtigte Partner vom Unternehmer (Kapitalgeber) und der Arbeiterschaft des Betriebes gemeinsam getroffen.

---

[7] *Friedrich-Ebert-Stiftung e.V., Bonn, INV-Nr. 31.900, Herausgeber: Vorstand der Sozialdemokratischen Partei Deutschlands. Bonn 11/39*

Am Jahresende wird der verbleibende Firmengewinn 50:50 zwischen den beiden Partnern geteilt!

Wir wollen ausländische Unternehmer mit Kapital unbedingt dazu ermuntern, in unsererm Land, der DDSR, Firmen zu gründen oder zu uns zu verlegen und mit einer überaus hoch motivierten und hochqualifizierten Arbeiterschaft gleichberechtigt zu betreiben.

Obwohl der Unternehmer in Zukunft alle wichtigen Entscheidungen zusammen mit seinem neuen Partner, der Arbeiterschaft, trifft, sind ihm hohe Gewinne sicher, sofern das gemeinsame Unternehmen diese Gewinne erwirtschaftet. Wir, die DDSR, werden die Unternehmer und die Arbeiterschaft im Wirken in ihren Unternehmen steuerlich möglichst vorteilhaft behandeln und, falls möglich, in einem gewissen Rahmen auch bei Krediten bürgen.

5.0 23 Arbeitsgemeinschaften des Parlamentarischen Rates für 23 Verfassungsorgane der DDSR auf Republik- und Landesebene

5.1 Volkspräsident (VOPrä)

Der Volkspräsident (VOPrä) ist das höchste staatliche Organ der DDSR – das Staatsoberhaupt.

Der VOPrä steht nach unserer »Neuen Verfassung« **über den drei demokratischen Gewalten** Judikative, Legislative und Exekutive.

Erhöht über den VOPrä wird im Falle seiner Amtsenthebung nur das OVerfG, und zwar nur für diese eine Situation.

Der VOPrä vertritt **repräsentativ** alle Bürger der DDSR nach innen und nach außen über die Staatsgrenzen hinaus.

Kandidaten für die Wahl des VOPrä und seiner zwei Stellvertreter werden durch die zugelassenen Parteien, den Staatsrat, den Ministerrat, die Volkskammer und die Gewerkschaften bestimmt – jede Institution benennt je 3 Kandidaten.

Auch **die wahlberechtigten Bürger der Republik haben das Recht**, 3 Kandidaten aufzustellen. Die drei erfolgreichsten Unterschriftensammlungen entscheiden.

Der VOPrä und seine zwei Stellvertreter werden alle 8 Jahre **direkt vom Volk** gewählt.

Wählbar sind alle Bürger der DDSR, die ein Mindestalter von 45 Jahren erreicht haben.

Wahlberechtigt sind alle Bürger der DDSR **ab 17 Jahre**

- der VOPrä ist auch moralische Aufsichtsperson für alle seine Mitbürger
- aber gleichzeitig auch besondere moralische Aufsichtsperson für alle Staatsbediensteten

Bei dieser seiner Aufsichtspflicht wird der **VOPrä unterstützt von zwei Stellvertretern**, die bei der Wahl des VOPrä mitgewählt werden.

Als Beispiele seien genannt die Verunglimpfung von Staatspräsidenten als sodomistisch oder Nacktdarstellungen von DDSR-Ministerpräsidenten/innen.

Für den VOPrä und seine zwei Stellvertreter gibt es höchstens zwei Amtszeiten. Nach dem Ausscheiden aus dem Dienst dürfen VOPrä und Stellvertreter **keine bezahlten** abhängigen Tätigkeiten annehmen – und zwar lebenslang.

Der VOPrä vertritt **alle 17 Millionen Bürger seines Volkes,** also auch die Bürger, die den VOPrä und seine Stellvertreter nicht gewählt haben.

Um absolute Unabhängigkeit zu garantieren, geben sie sofort bei Dienstantritt **ihre Parteibücher ab, und zwar für die Dauer ihres Lebens.**

Da der VOPrä vom Volke gewählt wird, kann auch nur das Volk seinen VOPrä **abwählen.**

Der VOPrä und seine zwei Stellvertreter gelten als abgewählt, wenn eine bestimmte Zahl wahlberechtigter Bürger gegen den VOPrä beim Obersten Verfassungsgericht ein Misstrauensvotum einbringt und das OVerfG dem Antrag der Bürger entspricht.

Gründe können z.B sein: Verfehlung im Amt, Alter, Unfähigkeit.

Eine ganz zentrale Aufgabe kommt dem VOPrä zu, indem er entsprechend seiner moralischen **Aufsichtspflicht** sehr genau darauf achtet, dass die 3 Gewalten Legislative, Exekutive und Judikative entsprechend der Forderung nach einer »Echten Demokratie« stets getrennt bleiben.

Der VOPrä ist gegenüber den anderen Verfassungsorganen nicht weisungsbefugt. Der VOPrä kann aber mahnen, rügen und, falls erforderlich, das OVerfG anrufen.

5.2 Oberstes Verfassungsgericht (OVerfG), Landesverfassungsgericht (LVerfG) und Richterkammer der Berufsrichter (RK)

Um zu gewährleisten, dass entsprechend der neuen DDSR-Verfassung »Echte Gewaltenteilung« zwischen Legislative, Exekutive und Judikative vorliegt, ist es erforderlich, die »Richterliche Gewalt« streng von den anderen beiden Gewalten zu trennen.

Dazu ist es notwendig, ein ganz neues **BERUFSBILD** zu schaffen

- **den Berufsrichter auf Republikebene, Landesebene und Kreisebene, der auch Richter des OVerfG der DDSR und des VerfG der 5 Länder werden kann**

Alle Berufsrichter der DDSR kommen alle 8 Jahre in der Richterkammer zusammen, um die Kandidaten für die Wahl der Richter zum OVerfG und zum LVerfG der 5 Länder aufzustellen.

Der neue Studiengang für die Erlangung des Richteramtes nennt sich dann »**Richteramt für Recht und Verfassung der DDSR**«.

Die Studieninhalte und die Studiendauer werden entsprechend der Bedeutung und Anforderung an die Absolventen der neuen Studiengänge angepasst.

Alle Berufsrichter der DDSR bilden die »Richterkammer«, die aus ihren Reihen 100 Kandidaten für das OVerfG und das LVerfG wählt.

Die Richter zum OVerfG (1. + 2. Senat) der DDSR und zu dem LVerfG (1. + 2. Senat) werden dann vom Volke zusammen mit dem VOPrä am gleichen Tag gewählt.

Es liegen dann dem Wähler 3 Wahllisten vor

- **eine Liste mit den Kandidaten für die Volkspräsidentenwahl**
- **eine zweite Liste mit den Kandidaten für die Wahl des OVerfG der DDSR**
- **eine dritte Liste mit den Kandidaten für die Wahl des LVerfG der 5 Länder**

Die Wähler in den einzelnen Ländern können dann an Hand der 3. Liste bevorzugt die Kandidaten wählen, die aus **ihrem eigenen Land kommen.**

Die Besoldung aller Richter unserer Republik ist sehr eng an die Besoldung der Beamten und Amtsinhaber mit herausgehobenen Aufgaben angelehnt und erfolgt aus dem Haushalt der Republik.

Es soll aber an dieser Stelle besonders darauf hingewiesen werden, dass die Richter der DDSR **keine Beamten** sind, sondern den Berufsstatus »Freier Richter« führen.

Der Richter bezieht seine Kraft, gerecht gegen jedermann und unbeeinflussbar nach dem Gesetz und der Verfassung zu agieren, insbesondere aus der absuluten Unabhängigkeit seines Standes. Als Beamte wären die Richter zu sehr mit dem Staat – also mit der Regierung verwoben – allein schon wegen des Disziplinarrechts. Als »Freie Richterschaft« unterliegt der einzelne Richter aber dem Disziplinarrecht der Richterkammer (RK).

Aufgrund der Tatsache, dass die Richter der DDSR einen eigenen, von anderen Institutionen völlig unabhängigen Berufsstand bilden, ist gewährleistet, dass erstmals tatsächlich in einer Demokratie die **Richterliche Gewalt** von den anderen beiden Gewalten **Gesetzgebung** und **Regierung** streng getrennt ist.

Die Richter des OVerfG (2 Senate) und des LVerfG der Länder (2 Senate) werden, wie schon gesagt, von der Richterkammer (RK) als Kandidaten vorgeschlagen und dann zusammen mit dem VOPrä vom Volk gewählt.

Alle übrigen Richter der Republik werden von der Richterkammer vorgeschlagen.

Alle Richter werden danach vom VOPrä ernannt.

Wie bei der Wahl der Parlamente und des VOPrä wird auch bei der Wahl der Verfassungsrichter allergrößter Wert darauf gelegt, dass die Verleihung dieser wichtigen Ämter eindeutig vom Volk ausgeht.

Da der Wähler nur alle 8 Jahre zu dieser Wahl eingeladen wird, kann man davon ausgehen, dass dadurch keine Wahlmüdigkeit erzeugt wird

- immerhin erledigt der Wähler 3 wichtige Wahlen an einem einzigen Wahltag

Nach unserer »Neuen Verfassung« der DDSR besteht dann die **Judikative, die »Richterliche Gewalt«,** aus

- dem **OVerfg der DDSR**
- dem **LVerfG der 5 Länder** und
- der **Richterkammer (RK) der DDSR** (alle übrigen Berufsrichter).

Es muss gesichert sein, dass **alle Richter der Republik** in keinerlei Abhängigkeitskonflikte geraten können

- aus diesem Grunde geben sie sofort bei Dienstantritt ihre Parteibücher ab, und zwar auf Lebenszeit.

Wegen ihrer herausragenden Aufgabe,

- **immerhin repräsentieren sie eine von den 3 Demokratischen Gewalten in unserem Lande,**

ist von ihnen die Einhaltung der von der Richterkammer erlassenen ethischen Vorschriften zu verlangen, da dies ihrem herausgehobenen Status angemessen ist.

5.3 Volkskammer (VK) mit 500 Abgeordneten

Entsprechend den 250 Wahlbezirken unserer DDSR werden 500 Abgeordnete in unser Parlament – die VOLKSKAMMER – gewählt: 250 Abgeordnete durch die Erststimme und 250 Abgeordnete durch die Zweitstimme der Wähler. Jede in der DDSR zugelassene Partei kann Kandidaten aufstellen. Als Kandidat darf sich jeder Bürger der DDSR zur Wahl stellen, der das 25igste Lebensjahr erreicht hat. Wahlberechtigt sind alle Bürger der DDSR, die mindestens 17 Jahre alt sind. Jeder Wahlberechtigte hat die Möglichkeit, einen Kandidaten (Erststimme) und/oder eine Partei (Zweitstimme) zu wählen. Es gelten für die Volkskammerwahl die demokratischen Wahlgrundsätze: **allgemein, unmittelbar, frei, gleich, geheim.**

Es gibt keine Wahlpflicht!

Jeder wahlberechtigte Bürger, der weder einen Kandidaten noch eine Partei wählen möchte, hat aber die **Verpflichtung**, seinen Wahlschein ungültig zu machen und ihn dann seiner Wahlkommission zuzuschicken oder persönlich in die Wahlurne seines Wahllokales zu werfen. Alle wahlberechtigten Bürger haben dann aktiv am »Wahlgeschehen« teilgenommen.

Jeder wahlberechtigte Bürger hat damit die Möglichkeit, den Ausgang der Wahl unmittelbar aktiv mitzubestimmen.

Die Abgeordneten der Volkskammer

- werden gewählt auf 8 Jahre

- sind verpflichtet, an allen Sitzungen der VK teilzunehmen

- sind nur ihrem Gewissen verpflichtet

- sind an keinerlei Weisungen gebunden

- unterliegen keinem Fraktionszwang gegenüber ihren Parteien

Anmerkung: Die relativ lange Dienstzeit von 8 Jahren der VK-Abgeordneten ergibt sich aus dem Folgenden:

- der Abgeordnete benötigt im allgemeinen zwei Jahre, um sich in dem riesigen »Gewirr Volkskammer« zurechtzufinden – vergleichbar dem BT in der BRD

- das Vertrautwerden mit den Fraktionsabläufen, den Arbeitsausschüssen und den speziellen Aufgaben jedes einzelnen Abgeordneten erfordert viele Monate intensivste Einarbeitung

- zwei Jahre vor Ende seiner Wahlperiode muss sich der Abgeordnete um seine Wiederwahl kümmern. Er, der während seiner Abgeordnetenzeit auch Kontakt mit seinem Wahlkreis pflegen sollte, wird sich im letzten Viertel seiner Zugehörigkeit zur VK sehr intensiv um jene Wiederwahl kümmern müssen

- bei einer Wahlperiode von nur 4 Jahren, wie z.B. in der BRD, käme der Abgeordnete gar nicht zu einer effektiven Tätigkeit, seinen so anspruchsvollen Aufgaben nachzukommen

Durch die 8-Jahres-Periode der Volkskammer ist eine sichere und kontinuierliche Tätigkeit der 500 Abgeordneten über einen längeren Zeitraum gewährleistet, was letztlich dem gesamten Volk zugute kommt.

In der VK sind die gewählten Kandidaten aller Parteien, die mindestens 3 % der Wähler auf sich vereinigen konnten.

Die 500 Abgeordnetensitze der VK werden nach dem Verhältnis der gewonnenen Stimmen der Parteien auf diese verteilt.

Anmerkung: Die %-Klausel wurde von 5 %-BRD auf 3 %-DDSR herabgesetzt, um möglichst viele DDSR-Bürger durch Abgeordnete in der VK zu vertreten und dort bei der Gesetzgebung mitarbeiten zu lassen.

Die besonderen Aufgaben der Abgeordneten der VK:

1. Diskussion und Verabschiedung der nicht zustimmungspflichtigen Gesetze und zusammen mit der Länderkammer die Bearbeitung und Verabschiedung der zustimmungspflichtigen Gesetze

2. Vorschlagsrecht für die Kandidaten des VOPrä und seiner zwei Stellvertreter

3. Regierungsbildung – Wahl der 40 Räte (RatStR) für den Staatsrat und der 50 Räte (RatMiR) für den Ministerrat.

Dazu wird zunächst ermittelt, welcher Anteil bei der Besetzung der 90 Regierungsmitglieder in StR und MiR auf die in der VK vertretenen Parteien entfällt.

Die oben etwas kompliziert klingende Aussage wird hier vereinfacht erklärt am Wahlergebnis der BT-Wahl vom 25. Januar 1987 in der BRD (Wahl zum 11. BT).

Der BT hatte in diesem Falle 519 Abgeordnete (Sitze)

- Union (CDU/CSU)   234 Abgeordnete
- FDP   48 Abgeordnete
- SPD   193 Abgeordnete
- Grüne   44 Abgeordnete

Die Bildung der Regierung ging dann von den 282 Abgeordneten aus Union und FDP aus, indem sie Dr. Helmut Kohl (CDU) zum Bundeskanzler wählten.

SPD und Grüne mit 237 Abgeordneten bildeten die innerparlamentarische Opposition – ohne jede Beteiligung an der Regierungsgewalt!

»Andere Parteien« hatten insgesamt 1,4 % der ausgezählten Stimmen zum 11. BT erhalten, waren aber wegen der 5 %-Klausel nicht im BT (Parlament) vertreten.

Wir wollen die obigen Wahlergebnisse nun beispielhaft so verwenden, als hätten die Abgeordneten des BT, nunmehr nach unserer DDSR-Verfassung die VK, die Mitglieder der beiden wichtigen Regierungsorganergane – StR und MiR – zu bestimmen.

Es handelt sich also in diesem Falle für die DDSR

um ein **fiktives Beispiel:**

Auch unsere VK hat für diesen speziellen Fall dieses Rechenbeispiels 519 Abgeordnete und nicht wie in Zukunft 500.

Die Abgeordneten verschiedener Parteien können Koalitionen bilden, wenn sie weitestgehend gleiche Ziele verfolgen. So bildet in diesem Fall die Union sofort mit der FDP eine Koalition. Der SPD und den Grünen ist es freigestellt, eine Koalition zu bilden oder alleine zu agieren.

Aber für diesen alleinigen Zweck, der Ermittlung der Anzahl der den Parteien zustehenden Regierungsmitglieder für den StR und den MiR, werden SPD und Grüne als Gruppe betrachtet. Zusätzlich kommen zu dieser Gruppe hinzu, **wenn auch nur allein für die oben genannte Aufgabe**, »Die Anderen Parteien«, die nicht in der VK sitzen (3 %-Klausel), mit ihren 1,4 % gewonnener Wählerstimmen.

Zur Erinnerung:

In der BRD war es 1987 so, dass die 282 BT-Abgeordneten von CDU/CSU/FDP aus ihren Reihen den Abgeordneten Dr. Helmut Kohl zum Regierungschef (BK) wählten.

Der gewählte BK schlug dann die FM der 14 Ministerien vor und regierte nach deren Ernennung 4 Jahre lang das Land gemäß seiner Richtlinienkompetenz, also nach seinen eigenen Vorgaben

- er hatte ja eine Mehrheit im BT und konnte die Opposition mit SPD und Grünen links liegen lassen, denn er benötigte sie nicht

Nach unserer »Neuen Verfassung« der DDSR ist das anders:

Die 519 Abgeordneten der VK wählen

<u>NICHT</u> den Regierungschef!

Vielmehr ist es nach unserer Verfassung so, dass möglichst viele Abgeordnete unterschiedlicher Parteien an der Regierungsarbeit beteiligt werden sollen, also auch die **Opposition**.

Dazu hat das Volk 519 Abgeordnete in die VK gewählt.

1,4 % der Wählerstimmen, »Andere Parteien«, finden keine Berücksichtigung in der VK – wie schon erwähnt.

Damit 100 % aller Wählerstimmen bei der Bildung der neuen DDSR-Regierung berücksichtigt werden – denn deshalb sind am 25.01.1987 38.225.294 Wähler und Wählerinnen zur Wahl gegangen – werden unsere beiden Regierungsgremien StR und MiR nach dem Prinzip des **PROPORZ** (Verhältnis) besetzt!

Nochmals: Nicht wie in der BRD bestimmen 282 Abgeordnete, ermächtigt durch ihre **nur 19 Millionen Wähler,** die Zusammensetzung der Regierung für insgesamt 61 Millionen Menschen.

Nein: **Nach unserer Neuen DDSR-Verfassung entsendet die VK 40 Räte in den StR und 50 Räte in den MiR – und zwar im gleichen Verhältnis der gewonnenen Stimmen aller 1987 an der Wahl beteiligten Parteien.**

Daraus ergibt sich
etwas ganz Neues, etwas Gerechtes!

- alle 37.742.813 Wähler, also die Wähler mit gültiger Stimme, sind bei der Bildung unserer beiden Regierungsorgane StR und MiR beteiligt!

- die Menschen sehen wieder einen Sinn darin, zur Wahl zu gehen!

- der Frust gegenüber dem Parteiendiktat schwindet!

A.) Es werden die 40 Mitglieder des StR (RäteStR) in 2 Schritten ermittelt

Schritt a) **Nach dem Verhältnis (Proporz) der gewonnenen Stimmen aller an der Wahl vom 25. Januar 1987 beteiligten Parteien entfallen von 100 % aller gültigen Wählerstimmen auf die folgenden Parteien:**

CDU/CSU	44,3 % x 0,4 =	17,20 RäteStR
FDP	9,1 % x 0,4 =	3,64 RäteStR
SPD	37,0 % x 0,4 =	14,80 RäteStR
GRÜNE	8,3 % x 0,4 =	3,32 RäteStR
Andere	1,4 % x 0,4 =	0,56 RäteStR

Der Prozentanteil der »Andere« (0,56 RäteStR) fällt der Innerparlamentarischen Oppositionsgruppe (SPD/GRÜNE) zu. »Andere« stellen keinen Rat und haben auch kein Wahlrecht, da sie in der VK nicht vertreten sind (3 %-Klausel).

Nach Auf- und Abrundungen stehen den 5 Parteien der Vk für den StR die folgende Anzahl Räte zu:

CDU/CSU/FDP	**stellen**	**21 RäteStR**
SPD/GRÜNE	**stellen**	**19 RäteStR**

Schritt b) Die Abgeordneten der VK wählen anschließend aus ihren Gruppen namentlich die 40 Regierungsmitglieder für den StR.

Merke: Anstatt, dass 21 Räte **(Regierungsmehrheit),** wie in der BRD, 100 % des ganzen Volkes regieren, sind hier die 19 Räte der **Opposition** (entsprechend nahezu der Hälfte der gültigen 37.742.813 Wählerstimmen) an der Bildung der neuen Regierung auf Republikebene prozentual **mitbeteiligt! Jeder Bürger wird demnach repräsentativ während der folgenden 8 Jahre im StR (Regierung 1) vertreten sein.**

B.) Es werden die 50 Mitglieder des MiR (RäteMiR) in 2 Schritten ermittelt

Schritt a) **Nach dem Verhältnis der gewonnenen Stimmen aller an der Wahl vom 25. Januar 1987 beteiligten Parteien entfallen von 100 % aller gültigen Wählerstimmen auf die folgenden Parteien:**

CDU/CSU	44,3 % x 0,5 =	22,15 RäteMiR
FDP	9,1 % x 0,5 =	4,55 RäteMiR
SPD	37,0 % x 0,5 =	18,50 RäteMiR
GRÜNE	8,3 % x 0,5 =	4,15 RäteMiR
Andere	1,4 % x 0,5 =	0,70 RäteMiR

Der Prozentanteil der »Andere« (0,70 RäteMiR) fällt der Innerparlamentarischen Oppositionsgruppe (SPD/GRÜNE) zu. »Andere« stellen keinen Rat und haben auch kein Wahlrecht, da sie in der VK nicht vertreten sind (3 %-Klausel).

Nach Auf- und Abrundungen stehen den 5 Parteien der VK für den MiR die folgende Anzahl Räte zu:

CDU/CSU/FDP	**stellen**	**27 RäteStR**
SPD/GRÜNE	**stellen**	**23 RäteStR**

Schritt b) Die Abgeordneten der VK wählen anschließend aus ihren Gruppen namentlich die 50 Räte für den MiR.

ERSTMALS IST BEI DER BILDUNG DER REGIERUNG EINES DEMOKRATISCHEN STAATES – hier mit 2 Staatsorganen – die gesamte gewählte Opposition beteiligt und damit 100 % des wahlberechtigten Volkes, deren Stimme gültig ist.

Alle gültigen Wählerstimmen werden entsprechend des Wahlerfolges ihrer Parteien (nach Proporz) prozentual auf die 90 Regierungsmitglieder umgelegt

- **und damit auch an den Regierungsentscheidungen der nächsten 8-jährigen Legislaturperiode beteiligt** – sogar die 1,4 % »Andere Parteien« wurden bei der Regierungsbildung berücksichtigt, obwohl sie nicht in der VK (Parlament) vertreten sind

Diese angewandte Analogie zeigt also Folgendes:

Die Bestimmung der 40 Regierungsmitglieder im StR und der 50 Regierungsmitglieder im MiR nach dem PROPORZ berücksichtigt den Wählerwillen aller 37 Millionen Bürger, deren Stimmen gültig sind.

Die große Ungerechtigkeit der BRD-Demokratie, dass bei der Wahl des BK durch die 282 Abgeordneten der Regierungskoalition des BT (CDU/CSU/FDP) die anderen fast 50 % der BT-Abgeordneten (Parlamentarische Opposition) zu Statisten degradiert werden, wird hier aufgehoben!

Der Wählerwille zur Regierungsbildung von nahezu der Hälfte der 37 Millionen Wahlberechtigten fällt für die nächsten 8 Jahre bei uns nicht »UNTER DEN TISCH«, ganz im Gegensatz zu der so hoch gelobten Demokratie der BRD.

Und zusätzlich ist beispielsweise in der »Neuen Verfassung« der DDSR die große Machtfülle einer westlichen Kanzlerregierung nahezu gleichmäßig auf zwei politische Staatsorgane, den StR und den MiR, verteilt.

Alle 90 Räte werden nach ihrer Wahl vom Präsidenten der VK aus ihrer parlamentarischen Aufgabe entlassen, um im StR und MiR ihrer Regierungstätigkeit nachzugehen. Zuvor wählen sie aber den Staatsratspräsidenten und den Ministerratspräsidenten. Danach ist es die Aufgabe des Staatsratspräsidenten und des Ministerratspräsidenten aus den verbleibenden Regierungsmitgliedern die Minister für die jeweilige Regierung zu bestimmen.

Die 90 aus der VK ausgeschiedenen Parlamentarier werden durch Nachrücker ersetzt.

Nochmals der zeitliche Ablauf bei der Bildung der neuen DDSR-Regierung (fiktives Beispiel der Wahl zum 11. BT am 25. Januar 1987 nach der neuen DDSR-Verfassung):

1. 37 Millionen Bürger wählen 519 Abgeordnete der VK

2. Verteilung der 90 Regierungsmitglieder für den StR und den MiR geschieht nach Proporz – die Berücksichtigung der Anzahl der Regierungsmitglieder, die auf die Parteien entfällt, wird vorgenommen nach deren prozentualen Stimmengewinn.

3. Die Abgeordneten der VK wählen aus ihren Gruppen die insgesamt 90 Regierungsmitglieder entsprechend der ihnen zustehenden Räteanzahl (»Andere« haben kein Stimmrecht!)

4. 40 Räte im StR wählen den StRPrä und
   50 Räte im MiR wählen den MiRPrä

5. Der StRPrä verteilt unter seinen Räten die Ministerposten

6. Der MiRPrä beruft aus seinen Räten 11 Fachminister und 5 Republikbevollmächtigte

7. Der StRPrä und der MiRPrä regieren nach ihrer Ernennung durch den Volkspräsidenten mit ihren Mehrheiten

Ergebnis:

Über das Parlament, die VK, wird der Volkswille der 37 Millionen Wähler akzeptiert und gewürdigt – nach dem Prinzip des PROPORZ, von der Parlamentarischen Gewalt direkt überführt in die regierende Gewalt.

Das Volk der DDSR sieht sich danach zum ersten Mal in den beiden Regierungsinstitutionen Staatsrat (StR) und Ministerrat (MiR) repräsentativ vertreten und hat damit erstmals die Möglichkeit, sich selbst zu regieren.

5.4 Länderkammer (LK) mit 50 Abgeordneten

Die LK der DDSR ist in weitestem Sinne zu vergleichen mit dem Bundesrat der BRD, allerdings mit dem wesentlichen Unterschied, dass unsere 50 Räte der Länderkammer nach Proporz (Verhältnis) in den 5 Landesparlamenten gewählt werden und nicht, wie in der BRD von den LANDESREGIERUNGEN bestimmt werden. Wir legen allergrößten Wert darauf, dass die Vermischung der Gewalten Legislative, Exekutive und Judikative unbedingt zu vermeiden ist.

Die Länderkammer berät und verabschiedet gemeinsam mit der VK die zustimmungspflichtigen Gesetze. Das sind die Gesetze, bei denen die Interessen der Länder betroffen sind – also die Gesetzgebungsverfahren, für die unsere Verfassung speziell die Zusammenarbeit der VK mit der LK vorgesehen hat.

Die 50 Räte der LK werden unmittelbar nach der Zusammensetzung der Landesparlamente gewählt, und zwar je 10 Räte pro Landesparlament für 8 Jahre.

5.5 Staatsrat (StR) mit Staatsratspräsident (StRPrä) und 39 Räten (RatStR)

- der Staatsrat besteht aus 40 Räten (einschl. StRPrä)
- die Bildung des StR geschieht in 2 Schritten (vgl. 5.3):

  Schritt a): Die 40 zu vergebenden Regierungsposten werden nach Proporz, also im Verhältnis **aller** gewonnenen Stimmen nach der Wahl zur VK, **allen** beteiligten Parteien zugeteilt. Der Prozentanteil der »Andere« (Parteien unter 3 %) wird der Parlamentarischen Opposition in der VK zugewiesen.

Schritt b): Die Abgeordneten der Volkskammer wählen anschließend namentlich die ihnen zustehenden Regierungsmitglieder für den StR, entsprechend ihrer prozentualen Stärke.

Danach:

- die 40 gewählten RäteStR wählen den StRPräs

- der StRPräs beruft aus den verbliebenen RäteStR seine Minister

- der StRPräs regiert mit seiner Regierungsmehrheit

Weitere 10 RäteStR werden von den 5 Landesparlamenten gewählt und in den StR entsandt. Diese 10 RäteStR sind im StR nur beratend tätig; sie haben kein Stimmrecht!

Es bleibt anzumerken, dass bei der Entsendung der 10 Parlamentarier in ihre neue Aufgabe, der beratenden Tätigkeit auf Republikebene (Regierung 1), die neuen Räte ihre speziellen Kenntnisse aus der Landespolitik in das Hohe Haus, den StR, mit einbringen. Damit ist gewährleistet, dass bei allen Entscheidungen des StR immer auch die Interessen der 5 Länder hinreichend Berücksichtigung finden können.

Da auch die 10 RäteStR in ihren Landesparlamenten nach den demokratischen Regeln gewählt wurden, sind auch hier entsprechend der Stimmengewinne in den Landesparlamenten wiederum praktisch alle wahlberechtigten Bürger bei der Auswahl der 10 Räte und damit an der Bildung des Regierungsorgans StR beteiligt.

Es ist also festzuhalten, dass eine Entsendung der 10 RäteStR aus den Regierungsmannschaften der 5 Landesregierungen (Exekutive), etwa vergleichbar dem BRD-Bundesrat, nach unserer »Neuen Verfassung« nicht möglich ist!

Der StR, als eine Exekutive auf Republikebene (Ausführende Gewalt), darf ausnahmslos nur aus der 1. Gewalt im Staate hervorgehen

- den vom Volk demokratisch gewählten Parlamenten
(VK + 5 Landesparlamente).

Natürlich wäre die Wahrung der Länderinteressen im StR noch besser gewährleistet, falls die 10 RäteStR **direkt** von den 5 Landesregierungen bestimmt würden, wegen ihrer

Fachkompetenz. Aber, wie schon gesagt, ist eine Vermengung der Gewalten unbedingt zu vermeiden.

Die 40 Räte des StR wählen den Staatsratspräsidenten und 2 Stellvertreter

- der Staatsratspräsident repräsentiert unsere DDSR nach außen

- der Staatsrat vertritt unseren Staat bei allen Verhandlungen und Verträgen mit anderen Staaten. Insbesondere nimmt der Staatsrat die Interessen der DDSR wahr, bei allen Aktivitäten bezüglich WELTSICHERHEITSRAT, UNO, EUROPA

- und falls wir eines Tages zur EU gehören sollten, vertritt uns der StR auch in der NATO

- weitere herausragende Aufgaben des Staatsrates sind zudem alle Fragen der Landessicherheit, Einsatz von Kriegsgerät und Soldaten innerhalb und außerhalb unserer Landesgrenzen

Für den Fall des kriegerischen Einsatzes unserer Streitkräfte innerhalb und/oder außerhalb unserer Grenzen hat der Staatsratspräsident den Oberbefehl, unter Mitwirkung seiner 39 RäteStR.

Alles geschieht hier in enger Zusammenarbeit mit dem Ministerrat. Jeder Einsatz von Kriegsgerät und Soldaten muss von der Volkskammer (Parlament) gemeinsam mit der Länderkammer genehmigt werden. Für jede kriegerische Beteiligung außerhalb unserer Grenzen bedarf es zuvor eindeutiger Beschlüsse von UNO und/oder Weltsicherheitsrat.

Schon hier wird deutlich, dass eine Machtanhäufung der Mitglieder des StR gemeinsam mit den Mitgliedern des MiR, wie zuvor in der DDR, nicht möglich ist :

– freie Wahlen des Volkes,

ein Mehrparteiensystem und

»Echte Gewaltenteilung« von

Legislative, Exekutive und Judikative

schieben hier einen unüberwindbaren Riegel

vor die Machtgelüste der Mächtigen!

Hervorzuheben ist, dass die von uns selbst gestellten Hürden für den Kriegseinsatz unserer Soldaten außerhalb und/oder innerhalb unseres Staatsgebietes außerordentlich hoch sind. Wir haben nur eine Verteidigungsarmee auf die wir auch am liebsten ganz verzichten würden. Unser kleines Land mit nur 108.000 Quadratkilometern und nur 17 Millionen Menschen liegt aber zentral in dem Riesenblock Europa mit insgesamt 10.180.000 Quadratkilometern und 510 Millionen Menschen.

Wir, als ein sehr kleines und neues Staatsgebilde dazwischen eingezwängt, können natürlich nicht ganz allein unseren eigenen Weg gehen. Wir sind gezwungen, uns an unsere Nachbarn anzupassen.

Insgesamt gesehen, müssen wir feststellen, dass die Fragen zu Streitkräften, Bewaffnung und Bündnissen außerordentlich schwierig und deshalb noch nicht abschließend beantwortet sind.

Nochmals zur Übersicht das Verhältnis von Einwohnern und Landmasse des gewaltigen Europa, zu unserer kleinen DDSR:

Europa : DDSR =   30:1   – Anzahl der Einwohner

Europa : DDSR =   100:1   – Landgröße in Quadratkilometer

Auf jeden Fall muss auch das Ergebnis der Arbeitsgemeinschaft »Verteidigungsministerium« abgewartet werden. Bezüglich dieser schwierigen Fragen werden wir sicherlich noch mit dem MiR und den Abgeordneten der VK beraten. Sehr wichtig bezüglich dieser Thematik dürfte auch die Stellungnahme des VOPrä sein. Es ist durchaus möglich, dass wir zu dieser speziellen Frage nochmals das Volk um seine Meinung bitten werden.

Es wird Wert darauf gelegt, die Macht des Staatsratspräsidenten nicht bis ins Unermessliche zu treiben.

So bleibt im Falle einer Krise nach Innen oder/und nach Außen der Oberbefehl über die Polizei immer beim Ministerratspräsidenten, assistiert von seinem Innenminister.

Beachte:

Die Installation des Verfassungsorgans Staatsrat macht ein ganzes Ministerium überflüssig – das Außenministerium!

Wegen der besonderen Sensibilität aller Staatsfragen außerhalb unseres Landes macht das Verfassungsorgan Staatsrat großen Sinn. Wenn man so will, tritt der Staatsratspräsident mit viel mehr Macht und Kompetenz in Verhandlungen mit anderen ausländischen Ländern und Institutionen auf, als ein Außenminister, der immer als weisungsberechtigte Instanz, wie in der BRD, den Regierungschef (BK) über sich hat.

Zudem ist es auch nicht notwendig, dass der Regierungschef, wie in der BRD der BK, dauernd seine innenpolitischen Aufgaben gegenüber den außenpolitischen vernachlässigt – denn sein eigentlicher Auftrag nach dem GG lautet:

"Der BK (Regierungschef) bestimmt

die Richtlinien der Politik."

Unser zweiter Regierungschef, der Ministerratspräsident der DDSR, hat demnach nach unserer »Neuen Verfassung« viel mehr Zeit als der BRD-BK, die Regierungspolitik zu bestimmen und seinen Fachministern vorzugeben, »wohin die Reise geht«

(Kontrolle und Weisung!)

- ganz einfach deshalb, weil der Staatsratspräsident die gesamte Auslandsarbeit übernommen hat

- der StRPrä hat gewissermaßen den MiRPrä freigestellt, seine per DDSR-Verfassung übertragenen Aufgaben sorgfältiger zu erledigen als der BK in der BRD

Es sei hier nochmals klargestellt, dass allein durch die Parteienvielfalt in der Volkskammer, im Staatsrat und im Ministerrat es nicht möglich ist – wie in der DDR geschehen – dass die wenigen in MiR und StR »Regierenden« das ganze Volk mit 17 Millionen Bürgern unterdrücken! Erst die Installation einer einzigen Partei, der SED, mit allen Befugnissen machte die »Quasidiktatur DDR« mit der Lügenbezeichnung »Sozialistisch-kommunistischer Arbeiter- und Bauernstaat der Deutschen DEMOKRATISCHEN Republik« möglich.

Höhepunkt des »Aberwitzes« in dieser sogenannten DEMOKRATIE war natürlich die Tatsache, dass die etwa 60 Herrschenden in StR und MiR selbst Mitglieder der Kommunistischen Einheitspartei SED waren und auch von dort noch zusätzliche Weisungen erhielten.

Wir vom Parlamentarischen Rat sind zur folgenden Überzeugung gekommen:

- das Wesen eines demokratischen Staates besteht im Wesentlichen darin, eine starke Opposition zuzulassen. Da in der DDR wegen des Verbotes/Unterdrückung anderer Parteien gar keine parlamentarische Opposition in den verfassungsmäßigen Organen VK, StR und MiR möglich war, kann auch jeder Hinweis auf demokratische Vorgänge in der DDR – von wem auch immer – sofort als ein Lügenkonstrukt der DDR-Mächtigen enttarnt werden

5.6 Ministerrat (MiR)
mit Ministerratspräsident (MiRPrä)
und 49 Räten (RatMiR)

"Als Regierung der DDR ist der Ministerrat ständig in allen Bereichen der Innen- und Außenpolitik unseres Staates wirksam"[8] – beginnt der 1. Satz eines Kapitels in einem Schulbuch der DDR.

Das Lehrbuch wurde in einem Kollektiv unter Leitung von Dr. Hans Berndt ausgearbeitet. Autoren: Dr. Hans Berndt, Prof. Dr. sc. Jonny Gottschalg, Jürgen Trommer, Dr. Gerwin Udke, Prof. Dr. Werner Wippold. Methodische Bearbeitung: Ulrich Rocke, Redaktion: Elke Sandmann, Gerhard Ziegler. Vom Ministerium für Volksbildung der Deutschen Demokratischen Republik als Schulbuch bestätigt.

Nach dem 1. Satz nimmt der Leser noch an, dass der MiR der DDR etwa vergleichbar der Regierung der BRD war. Diese Vermutung wird aber sofort ad absurdum geführt, sobald man sich auf die Seite vorher bezieht:

"Der Ministerrat ist als Organ der Volkskammer die Regierung der Deutschen Demokratischen Republik.

Er leitet im Auftrage der Volkskammer die einheitliche Durchführung der Staatspolitik

und organisiert

die Erfüllung der politischen, ökonomischen, kulturellen und sozialen sowie der ihm übertragenen Verteidigungsaufgaben.

Für seine Tätigkeit ist er der Volkskammer verantwortlich und rechenschaftspflichtig."[9]

Falls man also den Mut hat, nach dem 1. Satz weiterzulesen, wird den Leser diese Entscheidung noch reuen.

Was das »Autorenkollektiv«, Professoren, Doktoren und Wissenschaftler da von sich gibt, ist geradezu unglaublich·

---

[8] *Dr. Berndt, Hans und andere; Staatsbürgerkunde 8; Volk und Wissen, Volkseigener Verlag Berlin, Seite 73, 1976*

[9] *Dr. Berndt, Hans und andere; Staatsbürgerkunde 8; Volk und Wissen, Volkseigener Verlag Berlin, Seite 72, 1976*

- **"der MiR ist das Organ der VK"**
  - diese Aussage macht sich das »Autorenkollektiv« völlig unkritisch zu eigen

Es ist zum Vorstehenden festzustellen:

Danach ist die Exekutive (DDR-MiR/Regierung) Organ der Legislative (DDR-VK/Parlament)!

Demnach ist zu vermuten, dass die Professoren und Doktoren obigen Autorenkollektivs noch niemals etwas gehört haben von

- den Bemühungen des Griechischen Volkes in Athen 500 v. Chr. **(Anfänge der Demokratie)**
- den Bemühungen des Amerikanischen Volkes **(1776, »Streben nach Glück«)**
- den Bemühungen des französischen Volkes **(Französische Revolution 1789, "Freiheit, Gleichheit, Brüderlichkeit")**

"Was Sie als Autorenteam jahrzehntelang den Schülern der Klassen 8 und darüber zugemutet haben, ist nichts anderes als Verhöhnung von Geschichte. Es wäre besser gewesen, Sie hätten stattdessen Märchen und Fabeln geschrieben. Doch auch für das Verfassen von Märchen und Fabeln benötigt man Talent! Sie hingegen benötigten für das Verfassen ihrer »Staatsbürgerkunde 8« kein Talent, sondern nur verachtenswerten Kotau vor der Staatsführung:

Es war nur notwendig, 128 Seiten Text auf ein »LÜGENGERÜST von DEMOKRATIE« zu stellen und sich vom Ministerium für Volksbildung der DDR diesen »sozialistisch-kommunistischen Fetzen« zum Schulbuch hochstilisieren zu lassen. Damit hatten Sie, meine Damen und Herren Autoren, die Legitimation und die Macht, jahrzehntelang Schüler und Lehrer mit diesen von Ihnen verfassten Unwahrheiten zu drangsalieren.

Für uns, die MiR-Arbeitsgemeinschaft für unsere Neue Verfassung der DDSR, sind Sie, meine Damen und Herren vom Kollektiv »SCHULBUCH STAATSBÜRGERKUNDE 1975« geradezu ein klassisches Beispiel einer Mitläuferschaft im Staate, die als **Täter** unsere geliebte DDR zugrunde gerichtet haben.

Mitbürgern, die unlautere Charakterzüge ihr eigen nennen und sie zu ihrem persönlichem Vorteil in unserem Neuen Staate DDSR nutzen möchten, sagen wir ganz deutlich:

WIR BRAUCHEN EUCH NICHT!"

Was wir brauchen sind Mitbürger aller Altersschichten, die engagiert in unserem Neuen Staate der DDSR mitarbeiten und zwar jeder an »SEINER STELLE«.

- jeder macht das, was er kann:
  in der Politik, auf der Baustelle, in Schule und Universität, auf dem Bauernhof, in der Seefahrt , in der Binnenschifffahrt, in Stahl- und Chemiekonzernen, bei Bahn, Post und Banken, bei Energie- und Computerkonzernen etc
- jedes Kind geht zum Kindergarten
- jedes Kind geht zur Vorschule
- jedes Kind besucht die allgemeinbildenden Schulen, falls möglich mit qualifizierten Abschlüssen in Grundschule, Hauptschule, Realschule und Gymnasium
- jeder Jugendliche erhält die Möglichkeit, einen Beruf zu erlernen und bei besonderer Qualifikation zu studieren

Jeder Bürger lernt schon als Kind, alles Leben um sich herum kritisch zu betrachten. Bereits bei den Kleinen ist ein **Hauptlernziel** in den Schulen »alle Geschehnisse des Lebens«, wie z.B. Schule , Familie, Arbeit, Umwelt, Ernährung, Verkehr, Umgang mit Geld, TV, Presse, Rundfunk, Internet usw. kritisch zu betrachten und möglichst mit Freunden, Familienangehörigen und Lehrern zu diskutieren

- immer unter der »Didaktischen Prämisse« angemessener kindlicher/jugendlicher Lerninhalte

Jeder sollte dabei versuchen, sich eine eigene Meinung zu bilden und diese dann auch gegenüber anderen zu vertreten.

Falls Kinder und Jugendliche bereits in jungen Jahren fähig sind, die Geschehnisse im eigenen Leben, »**in ihrer Welt**«, kritisch zu sehen, dann kann man erwarten, dass sie es vermögen, die positiven Erfahrungen von den negativen Erfahrungen zu trennen.

Daraus folgt dann, dass sie später in der Lage sind, ihre Kenntnisse und Erkenntnisse einzuordnen, zu bewerten und danach zu handeln.

Sie argumentieren qualifiziert

- d.h. sie schreien ihre gewonnenen Einsichten nicht unüberlegt hinaus oder schweigen ganz

Unsere jungen Mitbürger lernen aber auch sehr früh, dass Meinungsvielfalt zu gleichen Themen es häufig mit sich bringt, dass ein und dasselbe Thema von vielen verschiedenen Seiten gesehen werden kann. Dieser Umstand hat zur Folge, dass man auch sehr früh zu ertragen lernt, Abstimmungen zu verlieren.

Den jungen Leuten sollte damit auch rechtzeitig klar werden, dass es auch gelernt werden muss, zu verlieren, die Meinung anderer anzuerkennen, und damit fähig zu sein, Kritik auch zu ertragen und nicht mit Kritik an der eigenen Person zu verwechseln

- ohne sich dann mit Schimpfen, beleidigenden Parolen, Stockschlägen oder gar Molotowcocktails zur Wehr zu setzen

Nach diesem kurzen Vorspann sagen wir, wie wir uns den MiR vorstellen, dieses wichtige Organ unseres Neuen Staates

die zweite EXEKUTIVE – die REGIERUNG 2 der DDSR.

Es bleibt festzustellen, dass im Gegensatz zu der Regierung der BRD mit einem übermächtigen Regierungschef, dem BK, die Regierung der Neuen DDSR in zwei nahezu gleich mächtige Regierungsblöcke aufgeteilt ist.

Danach ist der Ministerratspräsident (2. Regierungsmacht), zusammen mit seinen 2 Stellvertretern, 11 Fachministern, 31 Ministerräten und 5 Bundesbeauftragten für besondere Aufgaben der Regierungschef für alle Angelegenheiten, die das Innere der DDSR betreffen (siehe Abb. 6).

Daneben steht der Staatsratspräsident, als 1. Regierungsmacht, mit seinen 2 Stellvertretern und 37 Räten im StR (vgl. Abb. 6).

Er ist für alle Angelegenheiten zuständig, die die äußeren Beziehungen unserer DDSR betreffen.

An diesem Beispiel, der Schaffung von 2 Regierungsmachtzentren in der DDSR, zeigt sich die Weitsicht der damaligen Väter der DDR-Verfassung von 1949. Dieser an sich sehr gute Ansatz blieb leider auf der Strecke, als man nur die SED als Einheitspartei zuließ, alle anderen Parteien verbot und die Regierungsgewalt/Exekutive (MiR) der Parlamentarischen Gewalt/Legislative (VK) unterstellte

- **danach konnte es in der DDR keine Demokratie mehr geben**, wie schon gesagt

Für unsere Neue DDSR-Verfassung bieten sich die beiden Regierungsorgane MiR und StR geradezu als ideal an, wobei aber einige wesentliche Änderungen vorgenommen werden müssen, um unserem hohen Anspruch nach Schaffung eines »Politischen Regierungssystems« nachzukommen, dass das Prädikat

»ECHTE DEMOKRATIE«

auch wirklich verdient!

Da wir als unumstößliche Forderung immer wieder als Leitmotivation die »ECHTE DEMOKRATIE« als Schaffensgrundlage für unsere »Neue Verfassung« voranstellen, war es notwendig, bei der Findung des neuen Staatsnamens DDSR, der alten Staatsbezeichnung DDR **nur einen Buchstaben**, das **»S« für »sozialistisch«**, hinzuzufügen.

Es ist schon merkwürdig, dass die DDR in ihrer Staatsbezeichnung den Buchstaben »D« für »demokratisch« führte. In jenem Staate war aber nichts, aber auch gar nichts, zu benennen, was man hätte demokratisch nennen können!

Auf der anderen Seite gab es tatsächlich einige »Sozialistische Errungenschaften« wie freie Kindergärten, freie Krankenversorgung, etc., aber man hielt es nicht für notwendig, den Buchstaben **»S« für »sozialistisch«** in die Staatsbezeichnung DDR aufzunehmen.

Da das Regierungsorgan MiR der DDSR nach den gleichen demokratischen Grundprinzipien wie das Regierungsorgan StR der DDSR aufgebaut ist, werden die Erklärungen, von »5.5 Staatsrat der DDSR« nach hier 5.6, übertragen, so weit das nötig ist

- der **MiR** besteht aus 50 Räten (einschl. MiRPrä)
- die Bildung des MiR geschieht in 2 Schritten (vgl. 5.3):

  Schritt a): Die 50 zu vergebenden Regierungsposten werden nach Proporz, also im Verhältnis **aller** gewonnenen Stimmen nach der Wahl zur VK, **allen** beteiligten Parteien zugeteilt. Der Prozentanteil der »Andere« (Parteien unter 3 %) wird der Parlamentarischen Opposition in der VK zugewiesen.

  Schritt b): Die Abgeordneten der Volkskammer wählen anschließend namentlich die ihnen zustehenden Regierungsmitglieder für den MiR entsprechend ihrer prozentualen Stärke.

Danach:

- die 50 gewählten RäteMiR wählen den MiRPräs
- der MiRPräs beruft aus den verbliebenen RäteMiR seine Minister
- der MiRPräs regiert mit seiner Regierungsmehrheit

Weitere 10 RäteMiR werden von den 5 Landesparlamenten gewählt und in den MiR entsandt. Diese 10 RäteMiR sind im MiR nur beratend tätig; sie haben kein Stimmrecht!

Es bleibt anzumerken, dass bei der Entsendung der 10 Parlamentarier in ihre neue Aufgabe, der beratenden Tätigkeit auf Republikebene (Regierung 2), die neuen Räte ihre speziellen Kenntnisse aus der Landespolitik in das Hohe Haus, den MiR, mit einbringen. Damit ist gewährleistet, dass bei allen Entscheidungen des MiR immer auch die Interessen der 5 Länder hinreichend Berücksichtigung finden können.

Da auch die 10 RäteMiR in ihren Landesparlamenten nach den demokratischen Regeln gewählt wurden, sind auch hier entsprechend der Stimmengewinne in den Landesparlamenten wiederum praktisch alle wahlberechtigten Bürger bei der Auswahl der 10 Räte und damit an der Bildung des Regierungsorgans MiR beteiligt.

Es ist also festzuhalten, dass eine Entsendung der 10 RäteMiR aus den Regierungsmannschaften der 5 Landesregierungen (Exekutive), etwa vergleichbar dem BRD-Bundesrat, nach unserer »Neuen Verfassung« nicht möglich ist!

Der MiR als eine der beiden Regierungen auf Republikebene (Ausführende Gewalt) **darf deshalb ausnahmslos nur aus der 1. Gewalt im Staate hervorgehen – den vom Volk demokratisch gewählten Parlamenten (VK und 5 Landesparlamente)!**

Natürlich wäre die Wahrung der Länderinteressen im MiR noch effektiver gewährleistet, falls die 10 RäteMiR direkt von den 5 Landesregierungen wegen ihrer Fachkompetenz bestimmt würden. Aber, wie schon gesagt, ist eine Vermengung der »GEWALTEN« zu befürchten, weil 5 Landesregierungen als Exekutive der Länder 10 Mitglieder des MiR für die Exekutive auf Republikebene ernennen würden, wenn auch nur in beratender Funktion!

Die 50 aus der VK hervorgegangenen RäteMiR wählen nun in demokratischer Wahl aus ihrer 50-Mann-Gruppe den Ministerratspräsidenten (MiRPrä) – den Regierungschef der DDSR (Regierung 2) und 2 Stellvertreter.

Der Fortschritt besteht also darin, dass vor der namentlichen Wahl der 50 RäteMiR durch die Abgeordneten der VK (Parlament), die Anzahl der zustehenden Sitze im MiR nach Proporz, also im Verhältnis **aller gewonnenen Stimmen** ermittelt und auf die Parteien der VK verteilt werden (vgl. S. 65 B).

Nach seiner Wahl, Wahlannahme, Vereidigung und Ernennung durch den VO-Präsidenten beruft der MiRPräsident aus den 47 verbliebenen Räten die 11 Minister der Fach-Ministerien und die 5 Republikbeauftragten.

Der Ministerrat besteht nunmehr aus den folgenden Amtsinhabern:

- **Ministerratspräsident** (MiRPrä), Regierungschef der Regierung 2 der DDSR
- 2 stellvertretende Ministerratspräsidenten
- 11 Fachminister der Ministerien
- 11 stellvertretende Fachminister
- 5 Bundesbeauftragte mit besonderen Aufgaben (BA)
- 20 RäteMiR mit besonderen Aufgaben
- hinzu kommen 10 RäteMiR aus den Parlamenten der 5 Länder in beratender Funktion, aber ohne Stimmrecht!

Der MiRPrä hat jederzeit die Möglichkeit, geeignete Fachministerkandidaten durch die VK nachnominieren zu lassen oder aus den »20 RäteMiR für besondere Aufgaben« auszuwählen und gegen Amtsinhaber innerhalb der Regierung auszuwechseln – bei Wahrung der den Parteien der VK zustehenden bisherigen Prozentsätzen an den 50 RäteMiR. Das Gleiche gilt für die 5 Bundesbeauftragten.

Die Amtszeit der MiR-Mitglieder beträgt in der Regel 8 Jahre. Nach dem Ausscheiden aus dem Amt ist es keinem Regierungsmitglied gestattet, vor einer Zeit von 5 Jahren in der »Freien Wirtschaft« tätig zu werden.

5.6.1 Fachminister für Wirtschaft und Finanzen (FMWF)

Als Voraussetzung soll an dieser Stelle folgendes genannt werden:

**Alles »Gut« der DDSR, das mit dem
108.000 Quadratkilometer großen Boden unserer Republik
eine Verbindung hat, ist Eigentum des ganzen Volkes zu
gleichen Teilen!**

Dazu gehören u.a. alles Land, die Ostsee einschließlich 3-Meilenzone, alle Strände, alle Seen, die gesamte Stratosphäre bis zum All, alle Bodenschätze, alle Pflanzen, alle Bäume, alle Gräser, alle Tiere, alle Firmen, Gesellschaften und Häuser, die am Tag des Mauerfalls am 09.11.1989 offiziell dem DDR-Staat gehörten (neue Umverteilung an das Volk).

**Teile des Volkseigentums der DDSR
darf jeder Bürger unserer Republik nutzen.**

Vorausetzung: der Bürger gehört unserem Staate an, d.h. er hat einen gültigen Pass unseres Landes.

Teile des Volkseigentums können dann in den **Besitz** des Bürgers übergehen, und zwar auf Lebenszeit oder durch Vererbung dauerhaft.

Der einzelne Bürger kann am »Eigentum des Volkes« **kein** spezielles, eigenes Eigentum erlangen, denn er, der Bürger ist ja bereits Eigentümer am Volkseigentum der DDSR zusammen mit seinen 17 Millionen Mitbürgern. Eine quasi Aufteilung des gesamten Volkseigentums auf einige, auch in noch so kleinen Stücken, ist aus gutem Grunde ausgeschlossen.

Die Nutzung von Teilen des Volkseigentums, d.h. Übergang in den Besitz einzelner oder auch mehrerer DDSR-Bürger, kann dann nach erfolgter Antragstellung durch die zuständigen Behörden genehmigt werden.

Ausländische Bürger können **keinerlei Eigentum** am »Volkseigentum des DDSR-Volkes« erwerben – nicht einen Quadratmeter Land! (Vorbild für uns ist das ferne THAILAND, und abschreckendes Beispiel ist die nahe BRD!)

Besondere Neuerungen im Bereich »Wirtschaft und Finanzen« sind

- **Kapital und Arbeit sind gleich,** daraus ergibt sich ein ganz »Neues Wirtschaftssystem« für alle kleinen, mittleren und großen Betriebe:

  · der **Unternehmer** (Kapitalgeber) und die **Arbeiterschaft** eines Betriebes treffen alle wichtigen Entscheidungen, bezogen auf die Firma, als gleichberechtigte Partner gemeinsam!

  · am Jahresende teilen beide Partner den Gewinn im Verhältnis 50 %:50 %!

  · die, den Unternehmern (Kapitalisten) eigene Gier nach möglichst viel Gewinn bei äußerst sparsamen Betriebsausgaben, macht den Unternehmer zum »Motor« der Zweiergemeinschaft – **Kapitalgeber/Arbeiterschaft**.

Anmerkung:

Dieses »Neue Wirtschaftssystem« gilt auch für Kleinstfirmen ab 5 Mitarbeiter.

Für Kleinstfirmen mit 1-4 Mitarbeitern bestimmt das FMWF einen prozentualen Schlüssel, nach dem die betrieblichen Einflussrechte von Unternehmer und Arbeiterschaft zueinander geregelt sind.

Beispiel:

Der Friseurmeister, der mit 60.000 Mark Kapitaleinsatz einen Frisiersalon eröffnet und 1 Friseurin benötigt, kann seine Entscheidungsgewalt nicht zur Hälfte an seine Angestellte abgeben. Hier könnte es sehr schnell zu einer ungewollten »Schieflage« zwischen »Kapital« und »Arbeit« kommen.

Die Zukunft wird zeigen, ob der prozentuale Schlüssel für die betrieblichen Einflussrechte von Unternehmer und Arbeiterschaft in Kleistbetrieben der tatsächlichen Entwicklung angepasst werden muss. Der FMWF und der Ministerrat werden das angesprochene Problem nicht aus den Augen verlieren. Die Volkskammer verabschiedet dann gemeinsam mit der Länderkammer die erforderlichen Gesetze.

Für das Bestehen unserer Firmen und Gesellschaften im Land, in Europa und der »Welt« dürfte unsere Neue Wirtschaftsform, bei voller Unterstützung durch die hochqualifizierte Arbeiterschaft, besonders konkurrenzfähig sein.

Es dürfte sich wohl in Zukunft zeigen, dass sich die Arbeiterschaft hinsichtlich ihrer Gehaltsvorstellungen zu Gunsten der Sicherheit ihres Betriebes eher zurückhaltend verhält, obwohl der Betrieb selbst immer noch unter dem Namen des Unternehmers läuft. Man könnte fast sagen, dass die Arbeiterschaft ein gewisser Wandel erfasst hat. Die Arbeiterschaft entwickelt sich weg von dem ehemals ewig »am Arbeitgeber saugenden Arbeitnehmer« mehr hin zu einer zweiten Art von Unternehmer, einem »**CO.-Unternehmer«,** der seine eigenen Interessen mehr und mehr dort sieht, wo satte Firmengewinne winken. Sparsames Wirtschaften zusammen mit dem Kapitalgeber, dem Unternehmer, führt dazu, dass die Arbeiterschaft immer mehr in eine neue Rolle schlüpft, in die Rolle eines »Quasiunternehmers«.

Jeder einzelne der Arbeiterschaft kann nun auch seine eigene, ihm angeborene **Gier** nach Gewinn ebenfalls ausleben, indem er einerseits seine gesamte einzusetzende Arbeitskraft zu Gunsten des Betriebes optimiert und andererseits äußerst sparsam wirtschaftet, ganz so, als müsste er »**sein eigenes**« gesamtes Firmeneigentum gegenüber jedermann absichern.

Aber auch der Unternehmer könnte mehr und mehr sich wandeln vom »kapitalistischen Schnellverdiener« zum verständnisvollen Firmeninvestor mit dem Ziel, Firma und Arbeitsplätze abzusichern. Es kann durchaus eine beiderseitige, ganz neue verständnisvolle Partnerschaft zwischen den einst unversöhnlichen Extremen **Kapital und Arbeit** entstehen, die sich seit Urzeiten bekriegen.

Massenentlassungen wie durch die damaligen Arbeitgeber sowie Lahmlegung des Flugverkehrs und Eisenbahnverkehrs ganzer Länder durch wenige Piloten oder Lokführer, dürfte es nach unserem neuen Wirtschaftssystem nicht mehr geben, denn

- gemeinsame Interessen beider Partner führen zu ganz neuen Einsichten und Überzeugungen und damit zu neuen Verhaltensweisen

- keiner der beiden Partner wird zukünftig durch egoistischen Alleingang sich selbst »das Wasser abgraben« und seiner eigenen sicheren Verdienstquelle Schaden zufügen

Die Arbeitslöhne aller Arbeiter, Angestellten und Staatsbeamten werden nach dem »Dienstgruppenschlüssel der DDSR« festgelegt.

Wir haben uns dabei an den »Beamtenschlüssel« der BRD angelehnt. Danach gibt es in unserer gesamten Republik nur diese 4 Dienstgruppen, die gekennzeichnet sind mit den Buchstaben »S« für »sozialistisch«:

S1, S2, S3, S4 .... Unterer Dienst (Dienststufe U)

S5, S6, S7, S8 .... Mittlerer Dienst (Dienststufe M)

S9, S10, S11, S12 .... Gehobener Dienst (Dienststufe G)

S13, S14, S15, S16 .... Höherer Dienst (Dienststufe H)

Staatsbeamte erhalten in den Dienstgruppenkurzbezeichnungen den Zusatz »B« für »Beamter mit hoheitlichen Staatsaufgaben«. So könnten beispielsweise einige Berufsbezeichnungen in Zukunft die folgenden Merkmale aufweisen:

Briefträger US1	(Anfänger/sehr jung)
Schiffszimmerman MS6	(30 Jahre/Berufsabschluss/Erfahrung)
Oberamtmann GS12B	(57 Jahre/Hochschulabschluss)
Bankangestellter GS9	(31 Jahre/Hochschulabschluss)
Studienrat HS13B	(Uniabschluss/Dipl-Ing., Politik)
Siemensmonteur GS11	(49 Jahre/Ausland/Spezialist/Erfahrung)
Polizeimeister MS7B	(51 Jahre/Polizeischule/Erfahrung)

Privileg jedes in der DDSR fest eingestellten berufstätigen Bürgers:

UNKÜNDBARKEIT!
Nach der Verfassung besteht das Recht auf Arbeit!

Diese oben aufgeführten 16 Dienststufen entsprechen der Höhe der monatlichen Bruttogehälter. So haben dann alle Berufsbezeichnungen einen Zusatz, der darauf hinweist, in welcher Dienststufe, mit welchem monatlichen Einkommen der Arbeiter, Angestellte oder Beamte tätig ist.

Merke:

In unserer neuen DDSR machen nicht nur, wie in der BRD, die Beamten (Staatsdiener) Dienst, nein, bei uns machen in unserem »Neuen Staate« alle der Arbeiterschaft zugehörigen Mitbürger Dienst, und zwar macht

- jeder Arbeiter,
- jeder Angestellte,
- jeder Staatsbeamte

der in der DDSR tätig ist, Dienst für sein ganzes Volk! – Jeder Einzelne an seiner Stelle!

Ausgenommen von der Monatsvergütung nach den 4 obigen Dienststufen sind alle Personen, die nach unserer Verfassung an herausgehobener Stelle die Geschicke unseres Staates, der DDSR, nach innen und nach außen für uns 17 Millionen Bürger lenken.

Es sind dies u.a.: VO-Präsident, Richter der Verf-Gerichte, Berufsrichter, VK-Abgeordnete, Landesparlamentsabgeordnete, Mitglieder im StR, Mitglieder im MiR, Mitglieder der 5 Landesregierungen, Bürgermeister mittlerer und großer Städte, Betriebsleiter mittlerer und großer Firmen.

Eine besondere Ausnahme machen die Unternehmer der Firmen. Da sie in der Regel das Firmenkapital stellen und dafür auch haften, erhalten sie am Jahresende 50 % des Firmengewinnes in unbegrenzter Höhe!

Alle in unserer Republik berufstätigen Bürger werden wohl bereit sein, die nächsten 5 Jahre aufgrund der nach dem Untergang der DDR daniederliegenden Wirtschaft den Gürtel noch enger zu schnallen, als er ohnehin schon geschnallt ist! Falls wir nun die Einkommen gestaffelt betrachten – vom VOPrä ganz oben bis S1 ganz unten – dann können wir uns vorstellen, dass alle für unsere Zukunft und die Zukunft unserer Kinder und der Kindeskinder sich uneigennützig und mit ihrer ganzen Kraft einsetzen.

Lassen Sie uns alle für die kommenden 5 Jahre monatliche Gehälter anstreben, die vergleichbar sind mit etwa 50 % der Gehälter der Arbeitnehmerschaft in der BRD.

Wir möchten an dieser Stelle ausdrücklich das von Piek, Grotewohl und Honnecker abgedroschene Wort »Fünfjahresplan« auf keinen Fall verwenden. Manch einer aus unserem Volk würde uns das möglicherweise sehr übel nehmen.

Noch einige Anmerkungen:

- Genossenschaften, bei denen die Arbeiterschaft selbstschuldnerisch das nötige Kapital zur Verfügung stellt und sich selbst verwaltet, sind in allen Wirtschaftszweigen sehr erwünscht

- das Streikrecht der Arbeiterschaft wird ausdrücklich gewährt, obwohl man fragen muss, gegen wen die Arbeiterschaft streiken sollte, nachdem sie als »Quasiunternehmer« ihre Löhne und Arbeitsbedingungen praktisch selbst bestimmt

- Gewerkschaften und Interessenverbände sind zugelassen

- das Demonstrationsrecht wird gewährt

Unser Wunsch ist:

Wir wollen unter unserem sozialistischen Schirm eine rege und funktionierende inner- und außerparlamentarische Opposition, verbunden mit einem Vielparteienstaat. Noch ein Wort zu dem oft gepriesenen und genauso oft kritisierten »Beamtentum«: »Beamte mit hoheitlichen Aufgaben« wird es nur dort geben, wo sie unbedingt erforderlich sind. Briefträger, Techniklehrer, Studienräte für Elektrotechnik, Metalltechnik, Wirtschaft und Hauswirtschaft müssen nicht unbedingt »Beamte mit hoheitlichen Aufgaben« sein. Der Dipl.-Ing. für Elektrotechnik mit zusätzlich zwei Jahren »Lehrerausbildung«, ähnlich dem Referendariat des Gewerbelehrers, könnte durchaus den Studienrat, der Elektrotechnik unterrichtet, zumindest fachlich ersetzen.

Anders ist es bei dem Hauptwachtmeister, dem Leiter einer Behörde

- sie alle verrrichten für den Staat und seine Bürger eindeutig hoheitliche Aufgaben

- sie sollten deshalb »Staatsbeamte« sein

- allerdings, der »Beamte« hat kein Streikrecht, wegen des »Vertrauensverhältnisses« STAAT/STAATSBEAMTER

- ECHTE OPPOSITION wird festgeschrieben in unserer »Neuen Verfassung« als

    das Recht auf Opposition, Kritik von jedem an jedem, eine der wesentlichen Voraussetzungen für eine funktionierende »Echte Demokratie«

Für unseren FMWF (Fachminister für Wirtschaft und Finanzen) bleibt nunmehr als besondere Anforderung die folgende schwierige Aufgabe:

- die Beschaffung von vielen Milliarden Mark/Dollar, denn alleine, nur aus eigener Kraft, können wir es nicht schaffen

Es stelllt sich die Frage:

Werden uns Westdeutschland, Europa, USA und andere Länder helfen?

- werden sie uns langfristige, falls möglich, zinsfreie Kredite gewähren

- wird uns unser Nachbarvolk, die Deutschen der BRD, helfen, möglicherweise mit Geld, aber auch mit Rat undTat

5.6.2 Fachminister des Inneren (FMI)

In den Vordergrund innerhalb der Aufgaben des FMI sind die folgenden Anforderungen gerückt:

- Bekämpfung von Extremismus, Sabotage, Terrorismus, Spionage und die erforderliche Abwehr

Aber auch die übrigen Herausforderungen sind gar gewaltig; an oberster Stelle steht dabei die Innere Sicherheit:

- Kriminalitätsbekämpfung, Grenzschutz, Zivilschutz, Luftrettung, Schutz der Verfassung unserer DDSR

Ferner gehören zu den Aufgaben des FMI:

- der Öffentliche Dienst, Pass- und Meldewesen, die Organisation und Modernisierung der Öffentlichen Verwaltung, Abbau von Bürokratie zum Vorteil der Bürger

Der FMI ist der Diensherr der Polizei- und Kriminalbeamten aller Abteilungen und Gruppierungen unserer DDSR.

5.6.3 Fachminister für Arbeit und Soziales (FMAS)

Die Aufgaben des FMAS orientieren sich weitgehend an jenen des entsprechenden BRD-Ministeriums; allerdings treten bereits in der folgenden Kernaussage unterschiedliche Ziele zwischen der BRD und unserer DDSR zutage, denn der BRD-Minister stellt voran:

"Absicherung von **Arbeit** und **Bekämpfung** der **Arbeitslosigkeit** sind Kernaufgaben des BMAS."

Wir vom »Parlamentarischen Rat der DDSR« können uns der westdeutschen Zentralforderung nach »Absicherung von Arbeit« voll anschließen. Dabei ist aber zu berücksichtigen, dass die Sicherung von Arbeit in der BRD ganz alleine nach dem Prinzip funktioniert, so wie es mal ein Werftarbeiter formulierte:

"Wenn es meinem Chef, dem Werftbesitzer, gut geht, dann geht es auch uns, den Arbeitern, gut."

"So einfach ist das also", dachten Freunde, die den Worten des Werftarbeiters lauschten, "welch einfache und für unseren Werftfreund doch geniale Wirtschaftsphilosophie."

Auf die Nachfrage nach Gewerkschaftszugehörigkeit, Streik und Arbeitskampf zwecks Erzielung höherer Löhne, lächelte unser Werftfreund entwaffnend und erwiderte:

"Mein Chef gibt mir eine Wohnung, für die ich zwar mein Leben lang Miete zahlen muss – mein Chef sorgt aber dadurch für meine Familie. Weshalb sollte ich noch an eine Gewerkschaft teure Mitgliedsbeiträge entrichten?"

Durch die Errichtung von Wohnblöcken für seine Arbeiter erreichte der Werftbesitzer gleich zweierlei

1. Durch die Investition in Wohnblöcke für seine Werftarbeiter senkte er am Jahresende seinen Gewinn; er sparte gleichzeitig Steuern.

2. Er vergrößerte aber das Vermögen, das Eigentum seiner Werft, um den Wert der Wohnblöcke – doch merke:

   · die Mietwohnungen gehen niemals in das Eigentum der Werftarbeiter über – unser Freund, der Werftarbeiter bleibt

   - **auf »Ewigkeit« der abhängige Arbeiter und**
   - **auf »Ewigkeit« der abhängige Mieter.**

3. Der Unternehmer hat durch diesen kapitalistischen Trick seine Arbeiter auf Dauer an sich gebunden und ruhig gestellt!

   "Meine Werftarbeiter werden sich bei den kommenden Lohnverhandlungen in ihren Forderungen »maßvoll« verhalten, denn sie haben ja Sorge um ihre Mietwohnungen. Mit den Löhnen der Arbeiter schaffe ich für mich und meine Familie neues Kapital, neuen Reichtum, und meine Arbeiterschaft hält mir trotzdem weiter die Treue!", frohlockt der Werftbesitzer.

Merke: Nur der Werftbesitzer entscheidet, was für seine Arbeiter gut ist! – **KAPITALISMUS in Reinkultur!**

»Bekämpfung der Arbeitslosigkeit« sind zwei weitere Reizwörter, die durch alle »Kapitalistischen Wirtschaftssysteme« geistern.

So waren im Jahr 1989 beispielsweise in der BRD ca. 2 Millionen Arbeitnehmer (7 %) von insgesamt etwa 28,6 Millionen Berufstätigen arbeitslos

- eine erschreckende Zahl

- hinter dieser Zahl stehen nicht nur verzweifelte Männer und Frauen, sondern auch deren Kinder und die Zukunft dieser Kinder

- die Zukunft ist düster

- mit dem Verlust der Arbeitsstelle kamen im Austausch gegen das bisherige Einkommen, nunmehr Arbeitslosengeld und Arbeitslosenhilfe, verbunden mit gewaltigen plötzlichen Geldeinbußen

- manch eine Familie stand so, häufig völlig unerwartet, vor dem Nichts – denn die Hypotheken für das Häuschen konnten nicht mehr gezahlt werden!

Bei uns in der früheren DDR war das anders. Das Wort »Arbeitslosigkeit« gab es nicht

- jeder blieb in seinem Betrieb und hatte sein Auskommen; so war es bei uns auch nicht notwendig, »Arbeitslosigkeit« zu bekämpfen

Natürlich ist bekannt, dass unsere Wirtschaft aufgrund des Nichtkönnens und Versagens unserer sogenannten »Kommunistisch/sozialistischen Führer« heute am Boden liegt.

Wir erhoffen uns aber von der Aufsplittung der Entscheidungsgewalt, 50 %:50 %, zwischen Unternehmer und Arbeiterschaft in den Betrieben einen doch ansehnlichen Schub für den wirtschaftlichen Aufschwung zum Wohle unseres ganzen Landes. Wenn wir – die gesamte arbeitende Bevölkerung einschließlich aller Unternehmer – uns für die Zeit der nächsten 5 Jahre zurückhaltend und genügsam verhalten, dann können wir es schaffen!

Vereinfacht gesagt heißt das für uns alle:

- **die »angeborene Gier nach persönlichem Mehr« und**

- **den »angeborenen Egoismus« weitestgehend zu unterdrücken**

Damit ist nicht gemeint, dass wir alle wieder »Trabbi« fahren; damit ist aber gemeint, dass beispielsweise 5 Bedienstete einer Firma nicht in 5 PKWs gleichzeitig zur Arbeit fahren, sondern in einem PKW eine Fahrgemeinschaft bilden.

Es wäre für das Gelingen unseres ehrgeizigen Vorhabens – **»echte Demokratie und gerechten Sozialismus«** zu erlangen – äußerst hilfreich, wenn die gesamte Arbeiterschaft als Vorbild für alle Bürger unserer Republik voranginge. Zwei weitere, besonders wichtige Aufgaben des FMAS sind die Sicherstellung der Renten für alle in unserer DDSR tätigen Bediensteten und die Schaffung von geeigneten Ausbildungsplätzen für alle ausbildungswilligen Schulabgänger.

Zur Erinnerung:

Durch unsere »Neue Verfassung« der DDSR ist für jeden Auszubildenden ein geeigneter Ausbildungsplatz garantiert! Diese wichtige Absicherung hinsichtlich der Berufswahl unserer Schulabgänger bedeutet:

Nach eingehender Information durch die Berufsberatung erhält jeder Berufsanfänger möglichst einen Ausbildungsplatz in der Branche, zu der er sich aufgrund seiner **Neigungen** hingezogen fühlt. Damit erhält dieses wichtige Wort »BERUF« wieder seine ursprüngliche Bedeutung für die berufliche Zukunft unserer Jugend. Das von den USA eingeführte Negativwort »JOB« können wir damit aus unserem Wortschatz streichen.

Allerdings werden wir in der Berufsschule und den Ausbildungsbetrieben schon frühzeitig darauf hinwirken, den Auszubildenden klar zu machen, dass ein lebenslanges Lernen auf jeden Einzelnen zukommt.

»Beruf« kommt wegen seiner immensen Wichtigkeit wieder von »Berufung«, und die kommenden 45 Jahre bis zur Rente sind keineswegs abgesichert mit der Erlangung des Facharbeiterbriefes oder des Kaufmannsgehilfenbriefes.

5.6.4 Fachminister für Ernährung und Landwirtschaft (FMEL)

ERNÄHRUNG und LANDWIRTSCHAFT sind Lebensbereiche, die die Bürger unserer gesamten Republik ganz unmittelbar betreffen.

So hat der FMEL möglichst sicherzustellen, dass unserem Volk eine gesunde und ausgewogene Ernährung angeboten wird. Dabei wird der Minister unterstützt und beraten von verschiedenen Behörden und Forschungseinrichtungen.

So können wir uns vorstellen, ähnlich wie in der BRD, auch
7 Forschungsanstalten, eine Anstalt für Landwirtschaft und
Ernährung auf Republikebene, ein Amt für gesundheitlichen
Verbraucherschutz und Lebensmittelsicherheit sowie eine Zentrale
für Agrardokumentation und -information einzurichten.

Ferner schließen wir uns der BRD-Forderung an, Sorge zu tragen
für:

- ausgewogene, gesunde Ernährung mit sicheren Lebensmitteln
- klare, verständliche Verbraucherinformation beim Lebensmitteleinkauf und allen kosmetischen Produkten
- starke und nachhaltige Landwirtschaft
- starke und nachhaltige Wald- und Forstwirtschaft
- starke und nachhaltige Fischereiwirtschaft
- starker und nachhaltiger Schutz der Tierwelt einschließlich aller Nutztiere
- aktive Mitwirkung bei der Sicherung der Welternährung

Merke: **Ein Kind, dass auf unserer Erde an Unterernährung stirbt, ist ein Kind zu viel, für das die »Weltgemeinschaft« nicht fähig war, zu sorgen!**

Unser ganz besonderes Augenmerk gilt dem Schutz unserer gesamten ländlichen Regionen. Hier müssen wir ganz intensiv daran arbeiten, gute Perspektiven für die dortige Bevölkerung und insbesondere für unsere Jugend zu schaffen.

Wir wollen uns unbedingt die immensen fachlichen Fähigkeiten unserer Landbevölkerung erhalten. Deshalb soll das **»Leben auf dem Lande« wieder lebenswert sein**! Dazu gehört auch ein sicheres und ausreichendes Einkommen.

Auf kleineren, mittleren und großen Bauernhöfen, aber auch in landwirtschaftlichen Genossenschaften kann die fachlich qualifizierte Bevölkerung sich sowohl als Arbeiter/Angestellter als auch durch unternehmerische Tätigkeit selbst verwirklichen.

- **Das Leben auf dem Lande wird wieder schön!**

Zu der Sicherung eines erfüllten Lebens in der »Alten« und »Neuen« Heimat gehört, dass die Landbevölkerung an der Gestaltung des neuen Lebensraums in den ländlichen Gebieten unserer herrlichen »Neuen Republik« möglichst intensiv beteiligt wird. Infrastruktur mit Straßen, Brücken, Plätzen, Schulen,

Einkaufsmöglichkeiten, Dorf- und Stadtgestaltung gibt insbesondere den Bürgermeistern und Gemeinderäten der kleinen und mittleren Gemeinden die Möglichkeit, für die Jungen und die Erwachsenen weitsichtig zu planen und zu entscheiden.

Falls die vorhandene Arbeiterschaft die Ziele unserer Volksernährung alleine nicht verwirklichen kann, so sind wir gerne bereit, mit Hilfe der Betroffenen landwirtschaftliche Fachkräfte aus anderen Ländern auf Zeit anzuwerben – vielleicht aus Vietnam und Thailand?

Falls es uns gelingt, in unseren ländlichen Gebieten einen attraktiven Lebensraum (**Wohnen – Arbeiten – Erholung**) zu schaffen, werden möglicherweise viele »Landflüchtlinge« aus den überfüllten Städten zurückkommen, weil sie hier ihre Zukunft sehen.

Man bedenke, dass hier nicht nur »Landfachkräfte« willkommen sind, sondern auch Facharbeiter, Kaufleute, Lehrer, Behördenbedienstete, Seefahrer, Verkäufer, aber auch Kino- und Freizeitparkbetreiber sowie Reparaturwerkstätten aller Art, Lebensmittelgeschäfte, Friseure und Gesundheitsberufe.

Es ist durchaus möglich, dass unsere landwirtschaftlichen Räume und deren Umfeld der bevorzugte Lebensraum für viele unserer 17 Millionen Mitbürger werden könnte, **in unserer wieder geliebten DDSR**

- **mit einer reichhaltigen Vorratskammer an Korn, Kartoffeln, Fleisch und vielen weiteren unverzichtbaren Lebensmitteln im Überfluss!**
- **als eine wichtige Lebensgrundlage für unser Volk**

5.6.5 Fachminister fürVerteidigung (FMVer)

Der FMVer hat im Friedensfalle das Oberkommando über unsere Streitkräfte. Im Verteidigungsfalle und bei Bedrohung des Inneren Friedens unserer DDSR geht das Oberkommando an der StRPrä.

Der »Verteidigungsfall« und der »Fall der Inneren Bedrohung« für die DDSR müssen von der Volkskammer und der Länderkammer vorher gemeinsam mit Mehrheit festgestellt werden.

Auch jedwede kriegerische Beteiligung außerhalb unseres Territoriums muss vorher ausdrücklich von der VK und der LK – den Gesetzgebungsorganen unserer Republik –genehmigt werden. Zudem ist zuvor auch eine eindeutige Aufforderung zu einer kriegerischen Handlung außerhalb unserer Landesgrenzen von der UNO und/oder dem Weltsicherheitsrat notwendig (gleiches gilt bei einem Eintritt in die NATO).

Wir werden allein schon aus Kostengründen zunächst nur eine sehr kleine Verteidigungsarmee aufstellen – zu Wasser, in der Luft und am Boden.

Da wir mit unserem Brudervolk, den Bürgern der BRD, aufgrund unserer gemeinsamen Geschichte **eine Nation**, die Nation der Deutschen sind, werden wir wohl beabsichtigen, der EU und der NATO beizutreten. Dann werden wir es ohnehin schwer haben, als sehr kleines Land, unsere eigene Identität zu bewahren.

5.6.6 Fachminister für Familie, Kinder und Jugendliche (FMFKJ)

Wir Mitglieder der »Arbeitsgruppe FMFKJ der DDSR« sind im Rahmen der Zuordnung von Aufgaben an den FM im jetzigen Stadium der Verfassungszuordnung ein wenig hilflos. Es mag unserem Gremium aus 22 Personen genau so ergehen wie den verschiedenen Regierungen der BRD seit 1953.

Sie zeigen bei den Formulierungen des Namens für ihr Ministerium, dass sie 36 Jahre benötigten, um die heutige Bezeichnung zu finden

- **Ministerium für Familie, Senioren, Frauen und Jugend**

Die Vorläuferbezeichnungen waren von 1953-1989

- BM für Familienfragen
- BM für Familien- und Jugendfragen
- BM für Familie und Jugend
- BM für Familie, Jugend, Frauen und Gesundheit
- BM für Jugend, Familie, Frauen und Gesundheit
- BM für Familie und Senioren
- BM für Frauen und Jugend.

92

Wir, 1990, machen es uns offenbar genau so schwer wie die damaligen Westregierungen, für unser »Familienministerium« in der DDSR einen treffenden Namen zu finden.

Um 1900 verband man unter dem Begriff »FAMILIE« noch Vater und Mutter mit der Sorge für die Kinder, auch als Jugendliche und Erwachsene, einschließlich Opa und Oma.

In der BRD ist der Familiengroßverband schon lange zerbrochen. Die Mutter »steht nicht mehr hinter dem Herd« und behütet, versorgt und erzieht ganztägig ihre Kinder.

Die »Mutter«

- ist heute emanzipiert

- »steht ihren Mann« im Beruf

- klettert auf der Karriereleiter bis ganz nach oben,

  während die

  · Kinder ohne Schulbrot zur Schule gehen und am Nachmittag lieber TV sehen und Computerspiele machen als sich den Schulaufgaben/Hausaufgaben zu widmen

  · heranwachsenden Jugendlichen in der Pubertät, häufig ohne Aussicht auf einen Ausbildungsplatz, völlig allein gelassen sind (arbeitslose Jugendliche)

Bei uns in unserer »Arbeitsgruppe FMFKJ« herrscht immer noch die Meinung vor, dass im Zentrum aller Überlegungen die »EHE ZWISCHEN MANN UND FRAU« stehen sollte

- aus der Ehe erwächst das Neugeborene

- aus dem Neugeborenen wird das Kind

- aus dem Kind wird der Jugendliche/die Jugendliche

- aus den Jugendlichen werden die Erwachsenen

- aus den Erwachsenen werden die Senioren

- die Senioren gehen über in die »Welt des Todes«

Wir müssen aber Folgendes bedenken:

- in der Hitlerzeit (1933-1945) wurden Schwule noch mit der Todesstrafe bedroht

- heute, nur 5 Jahrzehnte später, werden zum Glück schwule Männer und lesbische Frauen toleriert

Diese Entwicklung der letzten 40 Jahre, bezogen auf die BRD, ist noch keinesfalls abgeschlossen, denn

- lesbische/schwule Paare möchten mehr:
  - sie möchten heiraten
  - sie möchten per Gesetz Kleinstkinder adoptieren und auch groß ziehen
  - lesbische Paare möchten sich fremdbefruchten lassen und das Kind dann als »Familie« groß ziehen

Falls man diese Ansinnen der Schwulen und Lesben als »familienschädigend« bezeichnet, dann muss man allerdings zur Kenntnis nehmen, dass auch die seit Jahrtausenden gängige anerkannte »Familienbildung« durch »Heirat« sich offenbar **nicht mehr** als »zeitgemäß« erweist.

Es sei wieder an unserem Nachbarland BRD demonstriert, dass dort jede 5. Ehe bereits nach nur etwa 5 Jahren geschieden wird!

Danach geht der Streit um das Sorgerecht los

- und wieder sind es die Kinder, die am meisten leiden unter den zerrütteten Verhältnissen von Vater und Mutter
- Kinder und Jugendliche sind hinsichtlich ihrer Entwicklung schon durch ihre Kindheit bei ihren beruflichen Entwicklungschancen »völlig aus der Bahn geworfen«

Wir 22 in unserer Arbeitsgemeinschaft sind bei dieser insgesamt sehr wichtigen Frage zu folgender Einschätzung gekommen

– die Ehe zwischen Mann und Frau als sicheren, ruhenden Pol innerhalb der Familie gibt es nicht mehr.

Aufgrund der vielen frühzeitigen Scheidungen erhebt sich sowieso die Frage, ob Mann und Frau überhaupt dafür geschaffen sind, sich durch die Heirat ein »Leben lang« aneinander zu binden und dann auch noch mit dem alles zementierenden Versprechen

– »BIS DASS DER TOD EUCH SCHEIDET«.

Mann und Frau sind zwar von der Natur – oder von Gott – so geschaffen, dass sie als Paar in hervorragender Weise dafür geeignet sind, für die Nachkommenschaft der Menschheit zu sorgen.

Wenn dann zu dem überschäumenden Glücksgefühl der neuen Freundschaft, meist bei jungen Leuten, noch Zuneigung, Verlangen und Liebesschwüre kommen, dann ist man sich sicher

- das muss Liebe sein
- Liebe, die ein Leben lang hält!

Leider wissen wir heute alle, dass das Band der Liebe in der Regel nicht stark genug ist, die Partner ein Leben lang aneinander zu binden.

Aus der Natur sind uns aber die folgenden Tierarten bekannt, bei denen die »Ehe« tatsächlich ein Leben lang hält

- der afrikanische Elefant
- der Höckerschwan
- die australische Graugans
- der europäische Wolf

Der Wolf und die Graugans bleiben tatsächlich ein Paar, »bis dass der Tod sie scheidet« – sie verlassen einander nie.

Der Albatros trifft sich mit seiner Lebenspartnerin alljährlich regelmäßig auf einer ganz bestimmten Insel. Nachdem beide viele tausend Kilometer getrennt durch die Lüfte flogen, treibt sie ihr »familiäres Band« wieder zusammen. Das Albatrosweibchen legt ein einziges Ei, um danach gemeinsam mit ihrem Partner das geschlüpfte Küken großzuziehen. Anschließend gehen beide Elternteile wieder getrennte Wege – bis zur nächsten Kinderaufzucht im kommenden Jahr.

Bei den anderen Tieren ist es in der Regel so, dass Männchen und Weibchen die Brut/Nachkommen großziehen und sich danach aus den Augen verlieren.

Wir 22 unserer Arbeitsgemeinschaft »Ministerium für Familie...« sind zu folgender Einschätzung gekommen:

- dem FMFKJ kommt eine ganz besonders wichtige, während der Kindheitsentwicklung des Menschen einzusetzende Beschützerfunktion zu

- es ist möglichst sicherzustellen, dass das Kind über die Entwicklung des Jugendlichen bis hin zum selbständigen berufstätigen Erwachsenen verschiedene Lebensphasen durchlaufen kann, ohne täglich durch die Streitereien und Handgreiflichkeiten von Vater und Mutter schwerst erschüttert zu werden

- unsere Kinder sollen später einmal mit ihrem Wissen als erwachsene Fachkräfte engagiert für das Wohl unseres ganzen Volkes sorgen

- dazu ist es unbedingt notwendig, dass Kleinkinder, Kinder, Jugendliche und Erwachsene mit großer Freude fast »spielend«, aber auch mit dem nötigen Ernst »konzentriert« lernen

- der Kluge hilft dem Lernschwachen

- aber der Lernschwache erhält genauso wie der Kluge spezielle, auf die jeweilige Lernstärke des Lernenden abgestimmte Förderung unter Anwendung angemessener Lerninhalte und Methoden

- ein kontinuierliches dauerhaftes Lernen kann man nur erwarten, so lange der **»Familienverband«** intakt ist

Für den Fall einer zerrütteten Ehe/Partnerschaft zwischen Mann und Frau gibt es nunmehr in unserer DDSR die Möglichkeit, zum Wohle des Kindes die **»FAMILIE«** zu wechseln:

Wir werden in allen kleineren, mittleren und großen Gemeinden Reihenhaussiedlungen errichten, unter dem Sammelbegriff – **»MEIN ZUHAUSE«.**

- die Reihenhäuser sollen möglichst in der Nähe der Gemeindezentren liegen, um die Reihenhausbewohner am Gemeindeleben teilhaben zu lassen

- die Leitung jedes Reihenhauses »Mein Zuhause« übernimmt ein erwachsenes Paar

- Ehemann und Ehefrau oder

- männlicher Partner und weibliche Partnerin

- die Leiter jedes Reihenhauses »Mein Zuhause« führen die Bezeichnung »Hausvater« und »Hausmutter« und sind mindestens 35 Jahre alt.

Es ist denkbar, dass 5-6 Kinder/Jugendliche in jedem Haus **behütet** aufwachsen können

- die leiblichen Eltern dürfen ihre Kinder nach Anmeldung besuchen oder für einen Ausflug einladen

- extra für Besucher erhält jedes Haus ein kleines Zimmer in einem Anbau

Auch für den biologischen Vater und die biologische Mutter bringt diese Möglichkeit, das leibliche Kind einfach **»abzugeben«** einen ganz wesentlichen Vorteil

- sie hat wieder Zeit, sich weiter zu emanzipieren

- er hat wieder Zeit, dem »Neuen Weibchen« nachzujagen

Sorge zu tragen für das behütete Aufwachsen unserer Kleinstkinder, Kinder und Jugendlichen ist die wichtigste Aufgabe für unseren »Fachminister für Familie, Kinder und Jugend« (FMFKJ)".

Wir sind davon überzeugt, dass der Begriff »**Familie**«, in der besprochenen Art und Weise, wieder eine zentrale Bedeutung erlangt für die Zeit der Erziehung unserer »Nachkommen«, vom Kleinkind zum Erwachsenen.

Oder ist die folgende Lösung, wie aus einigen ostasiatischen Ländern bekannt, für uns nachahmenswerter – **dargestellt an diesem echten Beispiel:**

Ein sechsjähriges Mädchen steht kurz vor der Einschulung und freut sich wie jedes Kind auf den 1. Schultag mit all den spannenden Eindrücken eines neuen Lebensabschnittes. Doch für dieses kleine Mädchen hat Buddha etwas ganz anderes vorgesehen

- dieses kleine Mädchen, rufen wir es mit seinem Spitznamen »Nock« (Vogel), wird Zeit ihres Lebens niemals eine Schule von innen sehen

  - nicht einen Tag
  - nicht eine Stunde
  - nicht eine Minute!

Für Nock, das kleine Mädchen vom Lande, hat sich das junge Leben ganz neu ausgerichtet aufgrund des folgenden Ereignisses:

- Vater und Mutter haben Nock ein kleines Schwesterchen geschenkt

- und da Vater und Mutter keine Zeit haben, wird Nock bei der Schule wieder abgemeldet und erhält den elterlichen Auftrag, den »Neuen Erdenbürger« großzuziehen

- es folgen 3 weitere Schwestern und 2 Brüder

- und da Nock bereits bei der ersten kleinen Schwester so viel Fürsorge und Mutterliebe entwickelt hat, wird ihr auch von Vater und Mutter sogleich die Erziehung für die fünf weiteren Geschwister übertragen

Ein Kind wird geopfert für das Fortkommen der fünf Geschwister.

Heute ist Nock 43 Jahre alt, selbst Mutter von zwei Kindern und bereits Witwe. Als sie kürzlich mit ihrem neuen Freund auf der Bank war, um für sich das 1. Sparbuch in ihrem Leben einzurichten,

- riss man zunächst an Nocks rechter Hand

- ergriff den Daumen der rechten Hand

- drückte die Kuppe kraftvoll auf ein Stempelkissen

- übertrug die Farbe der Daumenkuppe unter zusätzlicher Druckverstärkung durch die Bankbedienstete auf die Innenseite des Bankbuches

- und beglaubigte Nocks Daumenabdruck durch Unterschrift der Bankangestellten und Bankstempel

Nocks neuer Freund beobachtete wie versteinert das Geschehen zu seiner Linken – er war Lehrer mit Universitätsstudium:

- Nock war nicht fähig, ihren Vornamen und Nachnamen zu schreiben

- Nock war nur imstande, von den 43 Konsonanten und 32 Vokalen ihrer Landessprache, 3 Buchstaben undeutlich zu lesen, auszusprechen und undeutlich zu schreiben

- von den 5 Sprachzeichen, die nach den Regeln der Landessprache die Tonhöhe der zu sprechenden Silben bestimmen, kannte sie keines

5.6.7 Fachminister für Gesundheit (FMG)

Gesundheit ist für jeden Bürger unserer DDSR ein einzigartiges und kostbares Gut. Das »FM für Gesundheit« hat den politischen Auftrag, das Gesundheitsniveau unserer Bevölkerung zu verbessern.

Der FMG ist im Grunde der stete Begleiter unserer Mitbürger

- vom Baby über das Kleinkind zum Kind

- vom Jugendlichen über den Erwachsenen zum Senioren mit der Begleitung in die »Welt des Todes« (nach den Lehren der Christen, Bhuddisten, Muslime etc.)

Der Einsatz des BMG beginnt aber nicht erst bei der Geburt eines Kindes, sondern schon davor. Für die Sicherstellung der Geburt des gesunden neuen Erdenbürgers ist es notwendig, dass der werdenden Mutter alle mögliche Unterstützung des Staates, also die Hilfe des FMG, zuteil wird. Es muss unter anderem unbedingt darauf geachtet werden, dass die angehende Mutter während der Schwangerschaft gesund lebt.

Es ist eine ausgewogene Ernährung notwendig, unter Meidung von Alkohol, Nikotin und Drogen. Eine vom FMG angebotene dauernde Schwangerschaftsberatung bis zur Geburt könnte für die Schwangere selbst und ihr Umfeld eine große Hilfe sein.

Besonders minderjährige werdende Mütter bedürfen der besonderen Fürsorge des FMG.

»Der Mensch soll gesünder und länger leben können« – und die Einleitung dieses Prozesses, ohne Einschränkung in der Lebensqualität, soll 45 Berufsjahre und die Seniorenzeit überstehen. Dieser Prozess beginnt bereits vor und während der Schwangerschaft der werdenden Mutter.

Der weitere Aufgabenbereich des FMG umfasst unter anderem:

- Erhaltung der Leistungsfähigkeit
- Sicherung der Gesetzlichen Krankenversicherung und der Gesetzlichen Pflegeversicherung
- Sicherung und Weiterentwicklung der Qualität des Gesundheitssystems
- Stärkung der Interessen des Patienten
- Sicherung der Wirtschaftlichkeit und Stabilisierung der Beitragssätze
- Krankenprävention
- Infektionsschutzgesetz
- Erarbeitung von Rahmenvorschriften für die Herstellung, klinische Prüfung, Zulassung, Vertriebswege und Überwachung von Arzneimitteln und Medizinprodukten

Die Ziele dabei sind:

- Qualität, Medizinische Wirksamkeit und Unbedenklichkeit, Sicherheit biologischer Arzneimittel sowie Blutprodukte
- Prävention der Drogen- und Suchtgefahren
- Prävention, Rehabilitation und Behindertenpolitik
  · medizinische und berufliche Rehabilitation
  · Betreuung und Förderung behinderter Menschen
- Europäische und Internationale Gesundheitspolitik

Dem FMG nachgeordnet könnten, wie auch in der BRD, die folgenden Behörden sein:

- Institut für Arzneimittel und Medizinprodukte auf Republikebene
- Zentrale für gesundheitliche Aufklärung auf Republikebene
- Institut für medizinische Dokumentation und Information auf Republikebene
- Institut für Impfstoffe und biomechanische Arzneimittel auf Republikebene
- Institut für Infektionskrankheiten und nicht übertragbare Krankheiten auf Republikebene

Wir, die »Arbeitsgruppe FMG der DDSR« sind uns darüber im Klaren, dass die 17 Millionen Bürger unserer Republik nicht sofort mit »Freier Krankenversorgung« rechnen können.

Wir schlagen deshalb für die ersten fünf Jahre nach Verabschiedung unserer »Neuen Verfassung« Folgendes vor:

- jeder Ledige, jede Familie, jeder Rentner zahlt einen monatlichen Krankengeldzuschuss von vergleichbar 75 D-Mark
- für jeden Berufstätigen zahlt die beschäftigende Firma monatlich einen Krankengeldzuschuss von vergleichbar 150 D-Mark, getragen 50 % : 50 % vom Firmenunternehmer und der Arbeiterschaft
- die Unternehmer/Kapitalgeber versichern sich selbst
- Beamte mit hoheitlichen Aufgaben in den Dienststufen S1-S16 erhalten wegen ihres Treueverhältnisses zum Staat im Krankheitsfalle 70 % der anfallenden Kosten nach unseren DDSR-Beihilfevorschriften, 30 % der Krankenkosten kann der Beamte privat absichern

Aus Kostengründen werden alle Forderungen von Ärzten und Krankenanstalten für alle Bürger der Republik zentral über **nur eine einzige Kasse** abgerechnet, der »Ersatzkasse DDSR«.

Es ist uns klar, dass trotz unseres sozialistischen Anspruchs vier Interessenkonflikte vorliegen:

- der **Patient** erwartet eine optimale Therapie und Behandlung, allerdings ohne Erhöhung seiner Krankenzuschussbeträge
- die **Ärzte** verteidigen ihr Recht auf Therapiefreiheit

- der **"Ersatzkasse DDSR"** ist es vor allen Dingen wichtig, dass die Behandlung bezahlbar bleibt
- das Anliegen der **Industrie** ist es, die Versorgung durch immer neue Medikamente zu optimieren, um damit Geld zu verdienen

Der FMG hat in diesem Widerstreit der Interessen ausgleichend in das Geschehen einzuwirken oder gegebenenfalls zum Wohle der Bürger per Gesetz und/oder Verordnung regulierend einzugreifen.

5.6.8 Fachminister für Verkehr (FMV)

Der FMV ist zuständig für die Gewährleistung der Mobilität von Personen, Gütern und Daten in unserer DDSR.

Die Einzelaufgaben des FMV ergeben sich aus dem Aufbau des Ministeriums mit den folgenden neun Abteilungen in Anlehnung an die BRD:

- Abteilung Leitung Politische Planung (dem FMV direkt unterstellt)
- Zentralabteilung Koordinierung
- Abteilung Luftfahrt
- Abteilung Wasserstraßen, Schifffahrt
- Abteilung Landverkehr
- Grundsatzaufgabengebiete
- Abteilung Digitale Gesellschaft
- Abteilung Straßenbau
- Kommunikation (dem FMV direkt unterstellt)

5.6.9 Fachminister für Bildung und Forschung (FMBF)

Bildung und Forschung sind wichtige Eckpfeiler zur Sicherung der Zukunft für die Bürger unserer DDSR. Der FMBF hat die Aufgabe, Bildung, Wissenschaft und Forschung hinreichend zu fördern. Alle Maßnahmen erstrecken sich von der frühkindlichen Förderung über die schulische und berufliche Bildung bis hin zur beruflichen Weiterbildung.

Eine Hauptaufgabe des FMBF besteht darin, bereits den jungen Menschen der DDSR instand zu setzen und zu befähigen

»lebenslang zu lernen« – Motivation für ein ganzes Leben.

Weit gefächerte schulische und berufliche Bildung soll den späteren Berufstätigen fit machen für 45 Jahre Berufsleben, das gekennzeichnet sein wird im »Wandel der Zeiten« mit immer neuen, oft plötzlich auftretenden Herausforderungen.

Der BMBF koordiniert und überwacht die Bildungspolitik der Länder und legt Rahmengesetze, Ziele und Visionen fest. Koordination bedeutet insbesondere, dass der BMBF gemeinsam mit den 5 Landesregierungen die Lehrpläne für alle Schulformen der allgemeinbildenden und berufsbildenden Schulen erarbeitet und festlegt

- Schulneubauten und die schulische Innenausstattung sollten aus Kostengründen vereinheitlicht werden. Auch die Lehrmittel können, bezogen auf die einzelnen Schulformen zentral eingekauft werden – ausgenommen sind natürlich Projekte von engagierten Lehrkräften, die besonders gefördert werden sollten

Neben der Oberaufsicht des FMBF über alle Schulformen ist es seine herausgehobene Aufgabe, zusammen mit den Ländern dafür Sorge zu tragen, dass für alle Schulformen, von der Vorschule bis zur Hochschule, hochqualifizierte und engagierte Lehrkräfte die Universitäten und Studienseminare verlassen.

Insgesamt kann man die Aufgaben des FMBF anhand der Fachabteilungen erkennen:

Abt. 1: **Allgemeinbildende Schulen**

- zuständig für Vorschule, Grundschule, Hauptschule, Realschule, Gymnasium
- Sonderschulen für Lernschwache
- Begabtenschulen für Hochbegabte
- besondere Förderschulen

Abt. 2: **Berufsbildende Schulen**

- 3 Jahre Berufsausbildung – Duales System
  - · 4 Tage Ausbildung im Betrieb
  - · 1 Tag Berufsschule
- 3 Jahre Berufsausbildung

- 1 Jahr Berufsbildungsgrundjahr an berufsbildender Schule
  - 2 Jahre »Duales System« (siehe oben)
- Fachschulen
  - 2 jährige Berufsfachschule
    Ziel: Berufsgrundbildungsjahr und Realschulabschluss
  - Berufsaufbauschule (BAS)
    Ziel: Realschulabschluss
  - Fachoberschule (FOS)
    Ziel: Fachhochschulreife
  - Fachgymnasium (FG)
    Ziel: Allgem. Hochschulreife – Abitur

Berufliche Bildungsprämisse:

- permanentes Erreichen höherer Bildungsabschlüsse für »Spätentwickler« – damit »**Chancengleichheit**« mit Hilfe von »Durchlässigkeit« im Berufsbildenden Schulwesen

Merke:

BAS und FOS wie in Hamburg sowie zweijährige Berufsfachschule und FG wie in Niedersachsen (in den 1980iger Jahren, BRD) wird es bei uns in der DDSR nicht geben. In der gesamten DDSR wird jeweils nur ein Schulsystem eingerichtet.

Das berufliche Schulwesen hat sich aber insgesamt in der BRD derart gut bewährt, so dass wir es für unsere DDSR durchaus übernehmen können.

Abt. 3: **Berufliche Weiterbildung**

- lebenslanges Lernen

Abt. 4: **Universitäten** und **Hochschulen**

- berufliche Bildungseinrichtungen für Ewachsene

Abt. 5: **Ausbildung von Fachlehrern, Praxislehrern** und **Hochschullehrern**

- für alle Schulformen mit Prüfungsämtern

Abt. 6: **Europäische und internationale Zusammenarbeit**

- Bildung, Forschung und Hilfe in den Entwicklungsländern

Abt. 7: **Forschung und Weiterentwicklung**

- in der »Bildung« (Abt. 1-6)

Eine Hauptaufgabe des FMBF besteht darin:

Gerechte Bildungschancen innerhalb aller Volksschichten!

Der Besuch aller oben genannten Bildungseinrichtungen einschließlich der erforderlichen Lehrmittel ist frei. Studenten erhalten bei Bedarf Zuschüsse.

5.6.10 Fachminister für Umwelt, Naturschutz, Bau- und Reaktorsicherheit (FMUBR)

Für den Aufbau unseres Ministeriums mit seinem Minister (FMUBR) an der Spitze, gilt es als herausragende Aufgabe, für die Lebenssicherung unseres Volkes in der Zukunft, die vorhandenen Ressourcen unserer Erde langfristig zu erhalten.

Dazu ist es notwendig, dass wir alle auf Republikebene, europaweit und »weltweit« mit allen 200 Ländern unserer Erde zusammenarbeiten, um eine »Nachhaltige Entwicklung« für uns etwa 5,4 Milliarden Erdbewohner zu gewährleisten.

»Nachhaltigkeit« ist so ein modernes Wort, das sehr treffend die Notwendigkeit unseres Jahrtausends beschreibt, die Erde als Wohnstätte aller Völker zu schützen und für die Zukunft zu erhalten.

»**Nachhaltigkeit**« oder »**Nachhaltige Entwicklung**« bedeutet, die Bedürfnisse der Gegenwart so zu befriedigen, dass die Möglichkeiten zukünftiger Generationen nicht eingeschränkt werden. Dabei ist es wichtig, die »drei Dimensionen der Nachhaltigkeit«

- **wirtschaftlich effizient**
- **sozial gerecht**
- **ökologisch tragfähig**

gleichberechtigt zu betrachten. (Siehe auch BM für wirtschaftliche Zusammenarbeit und Entwicklung, BRD.)

Unser FMUBR ist demnach zuständig für die folgenden Gebiete:

- Schutz der Bürger vor Umweltgiften und Strahlung

- kluger und sparsamer Umgang mit Rohstoffen
- Klimaschutz und Nutzung der natürlichen Lebensgrundlagen
- Erhalt der Vielfalt von Tier- und Pflanzenarten und Sicherung ihrer Lebensräume

Es ist denkbar, dass der FMUBR aufgrund seines Fachwissens auch einwirkt auf

- Städteentwicklung, Wohnen, Ländliche Infrastruktur, Öffentliches Baurecht, Bauwesen, Bauwirtschaft einschließlich Bundesbauten

5.6.11 Fachminister für Koordination der Regierungsarbeit (FMKR)

Der FMKR koordiniert das Zusammenwirken der Ministerien. Er ist informiert über alle aktuellen Ministeraktivitäten und wirkt im Auftrage des MiRPrä auf alle wichtigen in der Zukunft liegenden Vorhaben ein.

Der FMKR ist die zuständige Schaltstelle zwischen dem MiRPrä und den Fachministern

- **er erläutert, interpretiert und überbringt die »RICHTLINIEN der POLITIK« des »REGIERUNGSCHEFS« an jedes Ministerresort**

Der FMKR ist im Auftrage des MiRPrä die Verbindungsstelle der Regierung 2 (Ministerrat) zu den folgenden Ansprechpartnern:

- Staatsrat
- Volkskammer (Parlament)
- Volkspräsident
- oberstes Verfassungsgericht
- Länderkammer
- Richterkammer
- 5 Landesparlamente
- 5 Landesregierungen
- außerparlamentarische gesellschaftliche Gruppen
- Einzelpersönlichkeiten der Republik

Der FMKR bereitet alle Sitzungen der Regierung (Ministerrat) vor und ist einer der 50 Stimmberechtigten des Ministerrates.

Für den Fall der Abwesenheit des MiRPrä und/oder seiner Stellvertreter leitet der FMKR die Regierungssitzungen.

Bei Meinungsverschiedenheiten zwischen den FM versucht der FMKR zu vermitteln.

5.6.12 Republikbeauftragter zum Schutz der Kinder (RBKi)

Der RBKi nimmt alle Kinder unserer DDSR unter seinen Schutzschirm. Er und sein Stellvertreter, unterstützt von ihrer Sekretärin, drei Mitarbeitern und einem Chauffeur haben die Möglichkeit, von ihrem vollausgestatteten Büro aus Kontakt aufzunehmem zu allen Institutionen unseres Staates

- der RBKi wirkt insbesodere auf die Gesetzgebungsorgane VK, LK und die 5 Landesparlamente ein. Er wacht über die Gesetzeslage immer zum Wohle des Kindes und wird bereits bei der Vorbereitung von Gesetzen bei den Fachministerien und den Fraktionen in der VK und den 5 Landesparlamenten vorstellig. Er trägt unmissverständlich seine Sicht der Dinge vor und hat in allen Gremien Rederecht

- er hat das Recht, das Oberste Verfassungsgericht sowie das Landesverfassungsgericht anzurufen und in dringenden Angelegenheiten die Staatsorgane VP, StRPrä, MiRPrä und alle Minister direkt und persönlich zu kontaktieren

- der RBKi wertet Zeitungen, Illustrierte, TV und Internet unter der Prämisse aus, dass das Wohl des Kindes niemals in »Schieflage« gerät. Seine Kommentare und Stellungnahmen zu allen Themen müssen umgehend in den Medien an geeigneter Stelle veröffentlicht werden

- sein ganz besonderes Augenmerk richtet der RBKi auf Schule und Familie

- moderne Erziehung und die Vermittlung geeigneter Lerninhalte sind sein besonderes Anliegen

- Schule soll nicht der Ort einer »Wissensschmiede« mit langweiligen »Paukern« sein – **die Schulzeit soll ein**

Lebensabschnitt des Kindes sein, an den es sich gerne zurückerinnert

Der RBKi sagt:

"Schule soll der Ort sein, an dem die Kinder mit Freude, aber auch mit dem nötigen Ernst lernen."

- der Lehrer vermittelt nicht nur kognitives Wissen, sondern schon sehr frühzeitig nützliche Verhaltensweisen wie

  - Teamgeist, argumentieren, den Argumenten des anderen zuhören

  - Kritik üben und auch Kritik ertragen

  - in »Ehren« überstimmt werden – **verlieren**

  - aber auch Durchsetzungsvermögen

  - Wille und Fähigkcit, Kompromisse zu schließen

Der RBKi ist der engagierte Verfechter der Interessen unserer Kinder. Deshalb hält er auch engen Kontakt zur Lehrerschaft unserer Schulen. Um die oben aufgeführten Fähigkeiten frühzeitig zu üben, bietet sich im Gegensatz zum Frontalunterricht des Lehrers mit Kreide und Tafel der Gruppenunterricht an

- dabei bearbeiten jeweils etwa 5 Kinder, sitzend an einem Tisch, ein Teilthema einer Unterrichtsstunde

- während die Schülergruppen arbeiten geht der Lehrer von Tisch zu Tisch

- er ermuntert die Schüler und gibt ggf. Lernhilfen

- zum Stundenende tragen die Gruppensprecher der Arbeitsgruppen die erarbeiteten Ergebnisse vor

- ein Schüler fasst die Ergebnisse der Gruppen an der Tafel zusammen

- der Klassenverband erarbeitet durch Diskussion das Gesamtergebnis

- der Lehrer fasst das Stundenergebnis zusammen

- der Lehrer führt eine kurze Kontrolle der erreichten Lernziele durch – z.B. Frage und Antwort

- der Lehrer übergibt die erarbeiteten Ergebnisse in geeigneter Form an die Kinder – z.B. Arbeitsblätter oder Tafelbild

- zur Vertiefung des Erlernten erteilt der Lehrer Hausaufgaben

Da der Lehrer sicherstellen möchte, dass er seine vorgegebenen Lernziele auch möglichst vollständig erreicht, plant er seinen Unterricht in Unterrichtsblöcken, jeweils mit etwa 5-10 Doppelstunden.

Es gibt genügend engagierte Lehrer, die im Interesse ihrer Kinder den viel aufwendigeren Gruppenunterricht anbieten

- auch zu diesen Lehrern und ihren Schulleitern hält der RBKi bevorzugt Kontakt

In der Wahl seiner Unterrichtsmethodik ist der Lehrer natürlich frei. Es ist aber bekannt, dass Gruppenunterricht, von klein an geübt, über die Formulierung von Hauptlernzielen und Feinlernzielen hervorragend geeignet ist, die von den Schulaufsichtsbehörden vorgegebenen Lerninhalte zu erreichen.

Nach Durchlaufen der ersten Fünfjahresphase unserer »Neuen DDSR« kann sich der RBKi durchaus vorstellen, dass im Idealfall sogar zwei Lehrer in einer Klasse den Gruppenunterricht durchführen, insbesondere dann, wenn

- der Klassenverband groß ist

- der Klassenverband aus lernschwachen Schülern besteht

- der Klassenverband aus hochintelligenten Schülern besteht

- der Klassenverband aus gemischt lernschwachen und hochintelligenten Schülern besteht

5.6.13 Republikbeauftragter zum Schutz der Jugendlichen (RBJu)

Der RBJu trägt Verantwortung für alle Jugendlichen unserer DDSR. Er und sein Stellvertreter, unterstützt von ihrer Sekretärin, drei Mitarbeitern und einem Chauffeur haben die Möglichkeit, von ihrem vollausgestatteten Büro aus, Kontakt aufzunehmen zu allen Institutionen unseres Staates wie

- Schulleiter, Lehrer und Lehrerverbände der Bereiche »Berufsbildende Schulen«

- Behörden

- Industrie- und Handelskammern

- allen, an der Berufsausbildung beteiligten kleinen, mittleren und großen Firmen einschließlich Ausbildungsstätten der Behörden und privaten Ausbildungszentren

- allen, an der Ausbildung der Lehrerschaft beteiligten Einrichtungen – Universitäten, Hochschulen, Studienseminare, Studienfachseminare, Prüfungsämter

- Ämter für die Erstellung der Studienpläne und Richtlinien für die Ausbildung der Lehrer und Fachlehrer an Berufsbildenden Schulen und beim FMB und den Landesprüfungsämtern

- Zeitungen, Illustrierten, TV, Radio, Internet

- zu allen mit beruflicher Bildung befassten Einrichtungen im Ausland

- steter Zugang zu den Gesetzgebungsorganen auf Republik- und Landesebene

- Möglichkeit, bei Bedarf das Oberste Verfassungsgericht und das Landesverfassungsgericht anzurufen.

5.6.14 Republikbeauftragter zum Schutz "Alter und Kranker Menschen" (RBAK)

Genau so wie sich der RBJu für seine Schutzbefohlenen einsetzt, genau so nimmt der RBAK alle alten und kranken Bürger unserer DDSR unter seinen Schutzschirm. Er kümmert sich um die Kranken und Hilflosen unserer Republik, wie auch um alle Bürger, die nach einem arbeitsreichen Leben den wohlverdienten Ruhestand genießen möchten. Sein ganz besonderes Augenmerk setzt der RBAK auf die Unterbringung alter und häufig hilfloser Menschen in Altersheimen, Pflegeanstalten und Familien. Dabei kommt es dem RBAK darauf an, dass die betroffenen Bürger nicht einfach »abgegeben und verwaltet« werden.

Im Vordergrund aller Betrachtungen steht immer die **angemessene Versorgung »DES MENSCHEN«** bis hin zu seinem würdevollen Tod.

Nach Vorschlag des RBAK werden wir geschultes Kranken- und Pflegepersonal aus Fernost anwerben, zunächst auf Zeit und bei Bewährung und Bedarf auch auf Dauer. Wir haben schon in der DDR gute Erfahrung sammeln können mit Arbeitskräften aus Vietnam. Wir werden unsere Beziehungen nach Fernost wieder aufleben lassen und unsere Werbeaktivitäten ausdehnen auf die Nachbarländer Thailand und Korea. Besonders koreanische Krankenschwestern haben sich auch bereits in der BRD bewährt. Sprachschwierigkeiten können schnell beigelegt werden.

Die Krankenschwestern/Pflegerinnen/Pfleger werden bei Bedarf gerufen, falls die Altenheimbewohner Gespräche führen möchten oder Hilfe beim Spazierengehen benötigen – Pflegeroboter wird es für diese spezielle Aufgabe nicht geben.

"Das Menschliche im Wesen des Menschen bleibt für unsere Schutzbefohlenen immer oberste Priorität",

ist der Wahlspruch unseres neuen RBAK, der auch für alle Krankenhausaufenthalte und -behandlungen gilt!

5.6.15 Republikbeauftragter zum Schutz der »Freien Glaubenslehre« (RBG) und Republikbeauftragter zum Schutz der »Ausländischen Mitbürger« (RBA)

Der RBG und der RBA sorgen für die Bürger aller Glaubensrichtungen und die ausländischen Mitbürger. Dabei gilt für alle Bürger unserer DDSR, dass Glaubensfreiheit nicht nur ein "geflügeltes Wort" ist, sondern dass niemand in der Ausübung seiner Religion behindert werden darf.

Inwieweit Kirchen und kirchliche Begegnungsstätten außerhalb des katholischen und evangelischen Glaubens in unserer Republik erstellt werden dürfen, entscheidet per Gesetz allein die VK unter fachlicher Hinzuziehung der LK, den 5 Landesparlamenten, den betroffenen Landkreisen sowie den Gemeinden.

Der RBA wurde geschaffen, um zu gewährleisten, dass das Zusammenleben zwischen Bürgern unserer Republik und ausländischen Bürgern, die bei uns auf Zeit im Lande, auf Besuch

oder in einem Aufnahmeverfahren zur Erlangung einer
Aufenthaltsbescheinigung sind, gesichert ist.

Der RBA kümmert sich aber zuforderst um Bürger unserer
Republik mit ausländischen Wurzeln. Kindern, Jugendlichen und
Erwachsenen soll geholfen werden, dass sie voll integriert mit
deutschen Familien zusammenleben und gleichberechtigt ihrem
Berufsleben nachgehen können.

Beide Republikbeauftragte können, genau so wie alle anderen
Republikbeauftragten auch, alle vorher genannten Gremien
anrufen. Der RBG und der RBA sowie ihre Stellvertreter
unterhalten ein gemeinsames vollausgestattetes Büro mit zwei
Sekretärinnen und einem Chauffeur.

6.0 Ergebnisse der Arbeitsgemeinschaften – eine Zusammenfassung

**An dieser Stelle eine kurze Zusammenfassung mit einigen
zusätzlichen Erläuterungen zum Thema »Regieren«:**

Es sei darauf hingewiesen, dass die Bildung von Regierungen nach
PROPORZ an sich nichts Neues ist. Es hat sich dabei aber gezeigt,
dass die Besetzung der Regierungen aus den Reihen der
Parlamentarier nach dem Verhältnis ihrer gewonnenen Sitze
niemanden so recht glücklich machte.

Zunächst war man ganz zufrieden damit, dass alle Parteien
entsprechend ihres Wahlerfolges berücksichtigt wurden.

Dann stellte sich aber sehr schnell heraus, dass ein **»echtes
Regieren«** gar nicht möglich war, weil sich niemand richtig
durchsetzen konnte – es galt die Erkenntnis:

"Viele Köche verderben den Brei!"

So gab es beispielsweise in Österreich und der Schweiz nicht nur
Zustimmung zum propagierten PROPORZ bei der
Regierungsbildung – in Österreich begann man sogar das System
des PROPORZ in verschiedenen Bezirken wieder abzubauen.

Besonders **»erleuchtet«** fühlte man sich 1966 in der BRD, als sich
die Mächtigen von CDU/CSU und SPD am 01. Dezember 1966 zu
einer »Großen Koalition« zusammenschlossen.

Koalitionen sind Mehrparteienregierungen. Im Falle 1966 sind es die Parteien CDU/CSU (als Union) und die SPD.

Man hatte sich alles so schön ausgerechnet, nachdem zuvor die Koalition zwischen CDU/CSU und FDP zerbrochen war. Die Parteien bezogen sich auf die Ergebnisse der Bundestagswahl 1965 und kungelten und zerrten bezüglich der Ministerverteilung so lange aneinander herum, bis die neue Regierung aus 11 Mitgliedern (CDU/CSU) einschließlich Bundeskanzler und 9 Mitgliedern der SPD handlungsfähig war.

11:9 betrug also das Kräfteverhältnis in der 1966 gebildeten »Mehrparteienregierung«, der Koalition unter dem damaligen Bundeskanzler Kurt Georg Kiesinger – was ja auch in etwa zu den Stimmengewinnen der beiden neuen Partner passte.

Bundestagswahl 1965:

CDU/CSU   46,1 % der Wählerstimmen

SPD   42,7 % der Wählerstimmen

Bei diesem nahezu ausgeglichenen Kräfteverhältnis war aber ein effektives Regieren weder für die eine noch für die andere Partei möglich. Das ist genau das, was jede demokratische Regung abwürgt.

Stillstand in einer Demokratie bedeutet ihren Tod.

Denn: Auch eine echte Opposition gab es nicht mehr!

88,8 % Regierung zu 9,5 % Opposition (FDP) kann kein Verhältnis sein, dass die Väter des Grundgesetzes für wünschenswert bezeichnet hätten!

Demokratie bedeutet im Parlament, genauso wie auch in der Regierung, steten Kampf um den »RICHTIGEN WEG«

- es wird argumentiert, gestritten und gerungen

- am Ende folgt in der Regel eine Entscheidung mit Stimmenmehrheit

- die Gewinner sind vorher auf der »Jagd« nach Mitläufern/Mitstreitern, die erst Mehrheitsentscheidungen möglich machen

In der zuvor erläuterten praktischen »Pattsituation« der 1966ziger Zweiparteienregierung des K.G. Kiesinger kungelte man so lange miteinander herum – nach dem Motto

"Was gibst Du mir – was gebe ich Dir"   bis ein (fauler)
Kompromiss da war!

Das Resultat bestand im Folgenden:

"19 regierende Fachminister und ein schwacher Bundeskanzler,
die Koalition aufgeteilt etwa nach dem Verhältnis 11:9 der
Parteien CDU/CSU und SPD betätigen sich in diesem Falle als

»HARMONIEPOLITIKER«
und nicht als engagierte Streiter für die
»RICHTIGE und GERECHTE SACHE« des VOLKES!"

Denn:

Eine Koalition, hier wie 1966, wird tatsächlich nur geschlossen
unter der Prämisse, dass mehrere Parteien unter sich, etwa
entsprechend dem Verhältnis ihres Wahlerfolges, die
Fachministerposten aufteilen und möglichst harmonisch
gemeinsam regieren.

Auch der Bundesrat (BR) soll hier nochmals kurz angesprochen
werden, weil dieses Gremium bei der Gesetzgebung auf
Bundesebene mitwirkt – kein Bundesgesetz kommt zustande, ohne
dass der Bundesrat damit befasst war.

Es ist aber geradezu erschreckend, wie die Mächtigen in der BRD
ihre Politik so gestalten, dass gewährleistet ist, dass sie nach
Gutdünken vor sich hinregieren können, um eigene Interessen
möglichst widerstandslos durchzudrücken. Es findet sich auch
niemand unter den Regierenden, der sich dafür einsetzt, das GG
über eine 2/3 Mehrheit im BT und BR weiter zu entwickeln.

Jeder weiß, dass die Väter des GG nicht für alle Zukunft alles im
Voraus, hier bereits Jahrzehnte vorher, richtig beurteilen konnten.
So wäre es ein herausragendes Beispiel für eine sinnvolle GG-
Änderung in der BRD, falls man den Bundesrat in seiner jetzigen
Konstellation verändern würde. Das wird besonders deutlich, wenn
man Folgendes unter »www.bundesrat.de« liest:

- **"Der BUNDESRAT (BR) ist ein »PARLAMENT der
  LÄNDERREGIERUNGEN«.**

- **Nur wer in einer Landesregierung Sitz und Stimme
  hat, kann Mitglied des BR sein (Artikel 51 Abs. 1 GG).**

- **Die Opposition in den einzelnen Ländern hat keine
  Möglichkeit, sich im BR unmittelbar Gehör zu
  verschaffen."**

Aber wie soll ein Lehrer für Politik/Gemeinschaftskunde der BRD seinen Schülern das Prinzip der Gewaltenteilung von

– LEGISLATIVE, EXEKUTIVE, JUDIKATIVE –

erklären, wenn, wie in diesem Falle, das wichtige »GESETZGEBUNGSORGAN BUNDESRAT« (Parlament) aus Mitgliedern der Landesregierungen (Exekutive) besteht und auch von den Landesregierungen seine Weisungen erhält?

Wir von den Arbeitsgemeinschaften (DDSR) führen beispielhaft in vielen Fällen die Verhältnisse in der BRD an. Das liegt daran, dass sich die BRD 1991 bereits 46 Jahre lang in ihrer sogenannten »Demokratie« üben konnte und das relativ kontinuierlich.

Demgegenüber ging es in unserer DDR 4 Jahrzehnte lang mehr wechselweise hin und her. Besonders die Wirren der letzten 5-6 Jahre vor "Der Wende" 1989 sind wegen unseres Staatsumbruchs nicht besonders geeignet, intakte Strukturen der DDR beispielhaft vergleichend heranzuziehen.

Nun noch einmal die Grundzüge unserer »Neuen Verfassung« mit den wichtigsten Neuerungen in Kurzform:

- der Landesname DDR wird umgewandelt in DDSR – Deutsche Demokratisch-Sozialistische Republik

- wir sind eine Republik mit den 5 Ländern Mecklenburg, Sachsen-Anhalt, Brandenburg, Thüringen und Sachsen

- unser neues Politisches Regierungssystem hat als Kern 2 Säulen: Demokratie und Sozialismus

- alle Wahlen verlaufen nach dem gleichen Prinzip: allgemein, unmittelbar, frei, gleich und geheim

- unsere Verfassung garantiert "Echte Teilung der Staatlichen Gewalten"

  Parlamentarische Gewalt – (Gesetzgebung, Legislative)
  Ausführende Gewalt   – (Regierung, Exekutive)
  Rechtssprechende Gewalt – (Richter, Judikative)

Die Verfassungsorgane der »NEUEN DDSR« ab 1991:

Staatsoberhaupt

- **Volkspräsident (VOPrä)**

  · steht an der Spitze unserer Republik

  · gewählt für 8 Jahre direkt vom Volk

114

Parlamentarische Gewalt

- **Volkskammer (VK)**
  - 500 Abgeordnete gewählt vom Volk der Republik für 8 Jahre
- **5 Landesparlamente**
  - gewählt von den Bürgern der Länder für 8 Jahre
- **Länderkammer (LK)**
  - 50 Abgeordnete gewählt von den 5 Landesparlamenten für 8 Jahre
  - Aufgabe: die Abgeordneten der LK verabschieden gemeinsam mit den Abgeordneten der VK die von der Verfassung zugewiesenen zustimmungspflichtigen Gesetze

Ausführende Gewalt

- **Staatsrat (StR)** (Regierung 1)
  - 40 Räte des StR gewählt von der VK
  - es kommen 10 Räte aus den Landesparlamenten beratend hinzu, ohne Stimmrecht
  - Wahlperiode für alle 50 StR-Mitglieder, einschließlich StRPrä, beträgt 8 Jahre
  - nur die 40 in der VK gewählten Räte des StR wählen
    - **Staatsratspräsident (StRPrä)**
      - Aufgaben: alle auswärtigen Verhandlungen, Oberbefehlshaber der Streitkräfte bei Krieg und/oder inneren Unruhen
    - er besetzt Regierungsämter im StR
    - er regiert mit seiner "Mehrheit"; z.B. 21:19
- **Ministerrat (MiR)** (Regierung 2)
  - 50 Räte des MiR (RatMiR) gewählt von der VK
  - es kommen 10 Räte aus den Landesparlamenten beratend hinzu, ohne Stimmrecht
  - nur die 50 in der VK gewählten Räte des MiR wählen
    - **Ministerratspräsident** (MiRPrä)

· MiRPrä beruft Regierungsmitglieder:
  – 2 Stellvertreter MiRPrä
  – 11 Fachminister (FM)
  – 5 Republikbevollmächtigte (RB)
  – 31 RäteMiR mit besonderen Aufgaben

· **MiRPrä mit 2 Stellvertretern und 47 Räten des MiR diskutieren und bereiten alle Sachentscheidungen gemeinsam und gleichberechtigt vor**

· der MiRPrä regiert aber mit seiner Mehrheit:
Er benötigt für seine Abstimmungsgewinne neben seiner eigenen Stimme noch weitere 25 Stimmen anderer Regierungsmitglieder (RatMir)

Merke:

Der MiRPrä verfügt innerhalb des Ministerrates in der Regel über eine stabile handlungsfähige Mehrheit – muss **aber mit einer starken Opposition vor und nach allen Abstimmungen rechnen!**

Der Fortschritt besteht also darin, dass alle Räte des MiR, die sich der Opposition zuschreiben

· **während aller Beratungen des MiR gleichberechtigt beteiligt,**

· **über alle Vorgänge der Regierungsarbeit 100%ig informiert und damit**

· **in die Regierung unseres Volkes aktiv mit vollem Stimmrecht eingebunden sind.**

Zusätzlich kommen – wie bereits oben gesagt – 10 Räte des MiR von den 5 Landesparlamenten als als Berater hinzu. Sie gewährleisten, dass im MiR auch die Interessen der Länder berücksichtigt werden. Die Räte bringen ihr Fachwissen bezogen auf die Länder in alle Beratungen des MiR mit ein. Für alle 60 Räte des MiR (einschließlich MiRPrä) gilt als Amtszeit die Wahlperiode von 8 Jahren.

• **5 Landesregierungen** der Länder

  · Mitglieder der Landesregierungen gewählt von den 5 Landesparlamenten

  · Amtszeit: 8 Jahre

Rechtssprechende Gewalt

- **Richterkammer (RK)**
  - alle Berufsrichter der Republik (außer OVerfG und LVerfG) sind Mitglieder der Richterkammer und wählen Kandidaten für die Wahl zum
- **Oberstes Verfassungsgericht (OVerfG)** und zum
- **Landesverfassungsgericht (LVerfG)**
  - Anschließend werden die Richter für das OVerfG und das LVerfG (1. + 2. Senat) vom Volk gewählt
  - Amtsdauer: 8 Jahre.

Wie hoffen, dass deutlich geworden ist, dass der VOPrä und die Richter für das OVerfG (1. + 2. Senat) und das LVerfG (1. + 2. Senat) alle 8 Jahre am gleichen Wahltag vom Volk gewählt werden!

Genauso sollte deutlich geworden sein, dass unser Wirtschaftssystem sich durch die folgende Neuregelung auszeichnet

- alle kleinen, mittleren und großen Unternehmen sind dadurch gekennzeichnet, dass der Unternehmer (Kapitalgeber) und die Arbeiterschaft gemeinsam wirtschaften
- Unternehmer und Arbeiterschaft treffen alle Entscheidungen gleichberechtigt
- am Ende des Geschäftsjahres teilen beide Partner nach Abzug aller Kosten den Gewinn 50 % : 50 %

Hervorzuheben ist:

Obwohl durch die Mitwirkung des Unternehmers auch »kapitalistische Merkmale« das Wirtschaften der Firmen mitbestimmen, bleibt dieses Wirtschaftssystem weiterhin **sozalistisch**, denn

- beide Partner treffen alle Entscheidungen gleichberechtigt, also mit gleichem Stimmgewicht
- die Arbeiterschaft "bestimmt nicht nur mit", sondern sie tritt zu 50 % an die Stelle des Unternehmers und wirtschaftet
- **Arbeitskraft, Wissen und Gesundheit der Arbeiterschaft erhalten nach Jahrtausenden der Ausbeutung und Unterdrückung endlich ihren**

»angestammten würdevollen Platz« in allen Betrieben
unserer Republik

- die Arbeiterschaft übernimmt Verantwortung und erhält
  Entscheidungsgewalt bei allen anstehenden Fragen des
  Betriebsablaufs
- am Jahresende teilen beide Partner zu gleichen Teilen den
  Gewinn

7.0 Schlusswort des Parlamentarischen Rates

Die »Neue Verfassung« der DDSR für

- die Republik und
- die 5 Länder

wird vom Parlamentarischen Rat niedergeschrieben und dem Volk
zur Volksabstimmung vorgelegt.

Vor der Abstimmung hatte das Volk in unzähligen Gremien
Gelegenheit, auf die vorgeschlagene demokratisch-sozialistische
Gesamtausrichtung durch Vorschläge und Forderungen aktiv
einzuwirken.

Wir ermutigen alle unsere Mitbürger, dass sie voller Engagement,
aber auch mit der notwendigen Skepsis allem Neuen gegenüber
bereit sind, unsere »Neue Verfassung« mit Leben zu füllen.

Alle Bürger unserer Republik sind aufgerufen, an geeigneten
Stellen aktiv mitzuarbeiten.

Das Funktionieren der Zusammenarbeit aller Staatlichen
Institutionen unserer Verfassung hängt ganz wesentlich davon ab,
inwieweit insbesondere in den Parteien Frauen und Männer voller
Ideenreichtum tätig sein werden – Frauen und Männer, die in
unsere höchsten parlamentarischen, regierenden und
rechtssprechenden Ämter aufsteigen, um das Volk gerecht,
verantwortungsvoll und vorausschauend durch alle Wirren des
Weltgeschehens zu führen.

Wir im »Parlamentarische Rat« sind sehr zuversichtlich, dass
erstmals ein Volk es fertig bringt,

»Echte Demokratie«und »Echten Sozialismus«

derart zu versöhnen, dass die Erfolgsaussichten für jeden Einzelnen von uns 17 Millionen sehr groß sind – eine nie dagewesene Perspektive positiver Daseinsmerkmale für unsere Zukunft zu erlangen in

- Sicherheit
- Freiheit
- Gerechtigkeit
- Zufriedenheit

mit vielfältigen Möglichkeiten der Selbstverwirklichung in einem Leben, das man dann wohl

»GLÜCKLICH«
nennen darf!

gez: 1. Vors. der VK

   1. Vors. des StR

   1. Vors. des MiR

8.0 Immo, der studierende Junge vom fernen Planeten »Tora«

An dieser Stelle melde ich mich wieder vom fernen Planeten »Tora«. Mein Vater, ein General unseres Volkes, und ich beobachten mit allergrößtem Interesse, was dort 1990 in dem kleinen Land der DDR geschieht. Für mein Studium, mit dem Thema

»Völker und ihre politischen Regierungssysteme«

ist es mir möglich, aufgrund unserer über viele Millionen von Jahren entwickelten Technik, jedes Gespräch, jede Sitzung der »DDSR-Verfassungsmacher« auf der »Menschenerde« praktisch zeitgleich zu verfolgen. In nur wenigen Sekunden treffen alle Informationen von Erde I auf übergroßen Bildschirmen bei uns auf »Tora« ein. Obwohl unser Planet Erde IV etwa 2.500.000 Lichtjahre vom Geschehen entfernt ist, erhalten wir alle nötigen Informationen bereits nach 7 Sekunden. Das bedeutet, dass jener große deutsche Physiker des 20ten Jahrhunderts mit Namen Albert Einstein Unrecht hatte, als er behauptete, dass es keine größere Geschwindigkeit als das Licht im Universum gäbe,

- nämlich etwa 300.000 Kilometer/Sekunde.

Falls Einstein recht hätte, müsste ich, Immo, **2.500.000 Jahre** bis zum Eintreffen jeder einzelnen Nachricht von der »Menschenerde« warten.

Während ich an meinem riesigen Bildschirm gestochen scharfe Bilder mit bereits in meine Sprache übersetzten Gesprächen aus jedem beliebigen Sitzungszimmer der DDR erhalte, speichern und ordnen meine Computer auch alle sogenannten »Nebensächlichkeiten«, die bei der Beurteilung des Ganzen später für mich durchaus wichtig werden könnten.

Ich bin sehr überrascht darüber, in welcher Geschwindigkeit die einzelnen Arbeitsgruppen »Neue-DDSR-Verfassung« tätig sind, obwohl alle beteiligten Mitglieder sehr sorgfältig, umsichtig und vorausschauend alles umfassend diskutieren und zum Schluss demokratisch über erarbeitete Ergebnisse abstimmen.

Ich vermute, dass das kleine Volk der DDR erkannt hat, dass es auf Grund seiner jetzigen Ausnahmesituation die einmalige Chance hat, etwas ganz Großes zu erreichen:

- 17 Millionen schaffen für sich selbst eine Regierungsform mit demokratischen und sozialistischen Grundzügen, aber im Wirtschaftsteil auch mit kapitalistischen Elementen

- 17 Millionen schaffen für sich ein politisches Regierungssystem, dessen gewählte Institutionen dann das Volk gerecht regieren, weil die 17 Millionen sich – proportional vertreten – in allen Regierungsinstitutionen wiederfinden

Das Motto lautet: DEMOKRATISCHER-SOZIALISMUS

- **das Volk gibt sich seine eigene Verfassung**

- **das Volk regiert sich durch Proporz (Verhältnis) selbst**

- **frei, gerecht und bedacht auf das Glück jedes Einzelnen**

"Etwas ganz Großes zeichnet sich bereits Mitte 1990 ab", davon bin ich, Immo, der studierende Junge vom fernen Planeten »Tora« schon heute überzeugt – genauso wie mein Vater auch.

Wir beide sind sehr gespannt, was am Ende die Verfassungsbemühungen der 17 Millionen erbringen.

Ich, Immo, werde die aktuellen Geschehnisse weiter verfolgen und melde mich beim Leser umgehend zurück.

 Die großen »Weltideen«
auf dem Prüfstand
– eine Schlussbetrachtung

Was ist geblieben von den Träumen der Menschen auf jenem Globus, den wir »Erde« nennen?

1776	in Amerika:	Recht auf Glück und Freiheit – jeder Mensch ist gleich geboren
1789	in Frankreich:	Freiheit, Gleichheit, Brüderlichkeit
1917	in Russland:	Alle Macht liegt beim Volke – nicht beim Zaren – Kommunismus als Heilung für alles
1933	in Deutschland:	Ein Volk, ein Reich, ein Führer – aber national und sozialistisch
1940	in Japan:	Der Tenno als Glücksbringer für das eigene Volk und für von Japan unterworfene Völker
1949/69/70	in China:	Sozialistische Republik – Kommunismus als allumfassende Lösung
1975	in Vietnam:	Sozialismus/Kommunismus als neuer Weg in eine bessere Zukunft nach jenem bestialischen Krieg mit den USA, mit Dschungelkampf, Napalm und ca. 3 Millionen Toten!
1957-2016	in Kuba:	Sozialismus/Kommunismus, mit über 50 Jahren Kampf und Revolution, angeführt 47 Jahre lang von Fidel Castro.

AMERIKA, ein Vielvölkerstaat – das Superland der »Unbegrenzten Möglichkeiten«. Ein Schwarzer wird Präsident (2009) – sogar ein Cowboy-Filmschauspieler (Ronald Ragan) erhält 1980 die Präsidentenwürde – und nun schickt sich einer an, Präsident zu werden, der offenbar außer seiner Selbsterhöhung nichts hat, was ihn befähigt, das Land mit dem größten Atombomben-Waffenarsenal zu befehligen

– »Amerika, das Land der unbegrenzten Unmöglichkeiten«.

Ein »Gernegroß« (vom Autor so empfunden) schickt sich an, der mächtigste Mann der Erde zu werden. Dieses ist an sich nichts Ungewöhnliches – aber geradezu beängstigend ist, dass dieser Mann Amerika noch größer und mächtiger machen will in »der Welt«

– **und viele Millionen Amerikaner unterstützen ihn dabei!**

Ein Mann, der nach den Worten von Präsident Obama keinerlei Fähigkeiten hat, die »Weltmacht« Amerika und die »Welt« zu führen, hat als einziges Privileg für seinen Führungsanspruch nur sein riesiges Firmenkonsortium – er ist eben einer der Reichsten mit etwa 27 Milliarden Dollar.

Demnach ist es also leicht, in Amerika Präsident zu werden

– man muss nur in Cowboy-Filmen gut schießen können oder Vater und Mutter haben, die dem heranwachsenden Jüngling Milliarden hinterlassen.

"Ich habe Angst!"

FRANKREICH ist heute eine Atommacht – spielt gerne zusammen mit Amerika und England die länderübergreifende Polizeieinsatztruppe. Der Franzose setzt sich flugs in seinen Jet und befriedet ferne Länder wie z.B. Vietnam, Điện Biên Phủ 1954/55 und Syrien durch Bombardierung der »Bösen«, aber auch der Armen und Ärmsten mit ihren Kindern. Kein Problem für den Franzosen, denn er ist ja eine Atommacht!

So wird sehr professional von den Problemen im eigenen Land abgelenkt – überall krieselt es

- Streiks der Müllmänner, Piloten und des Flug-Bodenpersonals

- der Müll stapelt sich zur Fußballeuropameisterschaft 2016

- Verkehrschaos, denn die Bahnen fahren nicht

- die Jugend revoltiert bei 28 % Arbeitslosigkeit und keiner Hoffnung auf Ausbildung, Arbeit und Altersrente!

- der französische Arbeitsminister droht, die Streikenden mit Gewalt an die Arbeitsplätze zu schaffen

"Hört hört, was da auf die Nachkommen der Französischen
Revolution zukommt!"

100.000 Polizisten schützen etwa 64,6 Millionen Franzosen und Millionen Fußballgäste vor allgegenwärtig in der Luft schwebendem Terror.

"Leben wie Gott in Frankreich" hat mal jemand gesagt. Doch alles in Allem bleibt ein Gefühl erbärmlicher Angst – eine von den Politikern heruntergespielte Gefahr

- nicht zugeben zu wollen, dass auch nicht 10 Millionen Polizisten das Volk wirklich schützen können

RUSSLAND – was ist geworden aus den vielen Millionen Russen, die 1918 auf die Straße gingen, dem Adel die Flügel stutzten und die gesamte Zarenfamilie auslöschten? Hier hätte doch die Lehre von Marx und Engels den Himmel auf Erden schaffen können, als Lenin das sozialistisch-kommunistische Russland ausrief. Was ist daraus geworden? – Und wir alle kennen die Antwort auf diese Frage, da der Diktator und Despot Stalin alsbald alle Macht an sich riss. Er führte zwar Russland zum Sieg über Hitlerdeutschland, aber quälte ganz unsäglich das eigene Volk und nahm ihm alle Freiheit und die Menschenrechte.

Aus dem einstigen Russland wurden dann bekanntlich die vielen Sowjetrepubliken. Geblieben ist Russland als zweitstärkste Atommacht mit seinem Präsidenten Putin, der immer wieder auf die Macht des russischen Bären aufmerksam macht – aber der russische Bär schwankt trotz all seiner Atombomben!

DEUTSCHLAND – wenden wir uns nun dem eigenen Land zu, dem »Volk der Dichter und Denker«. Da haben wir zunächst jenen Österreicher, der 1933 die gesamte Macht an sich riss, als er Kanzler des Deutschen Reiches wurde und sich selbst zum »Führer« der Deutschen ernannte. Was ist geworden aus jenem Land der »Dichter und Denker« mit Goethe, Schiller und Kant – da jener »Führer« innerhalb von nur 12 Jahren den 2. Weltkrieg anzettelte und viele blühende Länder und Deutschland selbst in Schutt und Asche überführte.

Merkwürdig: Er führte diesen Krieg mit der absoluten Unterstützung seines Volkes bis zum bitteren Ende im Mai 1945.

In Deutschland war es schon immer blutig:

Die Germanen, Herrmann der Cherusker, Karl der Große, Otto der Große, Friedrich der Große, Bismarck, Hindenburg und eben Hitler.

Diejenigen, die am meisten Blut vergossen, wurden dann noch meist zusätzlich geehrt mit dem Zusatz »Der Große«.

Ungewöhnlich und unverständlich war die Tatsache, dass Hitlers **Volk seinem »Führer« geradezu enthusiastisch folgte, obwohl** Hitler in seinem Buch »Mein Kampf« bereits 1923 seine Überzeugungen kundtut:

- schwache Völker (Russen) sind zu unterwerfen
- die Arier (Deutsche) sind die Herrenmenschen
- alles unwerte Leben ist auszulöschen
- der Jude ist unser Erbfeind

Das Ergebnis kennen wir mit dem Überfall 1939 auf Polen und 1941 auf Russland:

- 55 bis 65 Millionen Tote
- 6 Millionen ermordete Juden
- etwa 50.000 ermordete persönliche Hitlergegner

Obwohl Hitlers Buch »Mein Kampf« bei jeder Eheschließung und anderen offiziellen Gelegenheiten überreicht wurde, taten 69,2 Millionen Deutsche 1945 sehr überrascht, als sie hörten, wie böse doch Hitler, seine NSDAP sowie die SS und auch die Wehrmacht in der Vergangenheit waren. Von den mehr als 20 großen Konzentrationslagern, die es in Deutschland und um Deutschland herum gab, hatte natürlich kein Deutscher etwas gewusst. Sogar dem späteren Bundeskanzler Helmut Schmidt, der 1945 bei Lüneburg in englische Gefangenschaft ging und später Beobachter bei den Nürnberger Kriegsverbrecherprozessen war, war angeblich nicht bekannt, dass sich nur wenige Kilometer vom Ort seiner Gefangennahme das Konzentrationslager Bergen-Belsen befand, in dem tausende Hitlergegner und Juden gewaltsam sterben mussten.

- Taurig, traurig, Herr Oberleutnant Helmut Schmidt

JAPAN verfügte 1940/41 über die modernste Armee Asiens – "[...] gut ausgebildet, gut ausgestattet, mit hoher Kampfmoral versehen standen 1940 376.000 Mann im aktiven Dienst mit über 2 Millionen Reservisten in 31 Divisionen."

Auf das Engste verbunden mit dem japanischen Volk führte die damalige Regierung im Namen des Japanischen Kaiserreiches eine aggressive Expansionspolitik (Mandschuko). Eine einflussreiche Opposition gab es nicht

- und über allem stand wohlwollend »Der Tenno«, der japanische Kaiser

So kam es offenbar dazu, wozu es notgedrungen kommen musste:

Japan wollte wohl Hitlerdeutschland an Agression übertreffen, indem es Amerika auf seinem Militärstützpunkt Pearl Habour im Dezember 1941 überfiel, mit der Folge, dass Amerika Japan den Krieg erklärte und der »deutsche Gefreite Hitler«, inzwischen Oberbefehlshaber der deutschen Wehrmacht, Amerika den Krieg erklärte.

Mit der Ausdehnung des Krieges auf die andere Seite der Erdkugel, den Pazifischen Raum, hatten die Völker der Erde ihren Krieg, den sie dann auch mit Recht »WELTKRIEG« nennen durften!

Sie, verehrte Leser, wie auch ich, der Autor, haben uns oft gefragt, worauf es denn zurückzuführen war, dass besonders das Auftreten des japanischen Soldaten während des 2. Weltkrieges von übergroßer Grausamkeit gegenüber anderen Menschen geprägt war. Wenn wir Kriegsfilme aus jener Zeit sahen, konnten wir uns die gezeigten Grausamkeiten gar nicht erklären, falls wir einen Bezug zu den immer mit allergrößter Freundlichkeit auftretenden Japanern uns gegenüber zum Vergleich heranzogen, ganz zu schweigen von den lieblichen »Mandelaugen« der Japanerin

- doch die Realität lehrt uns etwas anderes!

"Völkerrechtsverletzungen und Kriegsverbrechen in Japan

Während des Chinesisch-Japanischen Krieges und des Zweiten Weltkriegs wurde die japanische Armee bekannt für ihren Fanatismus und ihre Brutalität gegen Kriegsgefangene wie auch Zivilisten. Nach der Kapitulation Japans im Sommer 1945 wurden viele ihrer Offiziere für Kriegsverbrechen und Grausamkeiten in den Tokioter Prozessen vor Gericht gestellt und verurteilt.

Bekannte Fälle während des Zweiten Weltkrieges:

Einheit 731:	Biologische und chemische Menschenversuche an Zivilisten und Kriegsgefangenen
Trostfrauen:	Zwangsprostituierte in japanischen Armeebordellen
Nanjing-Massaker:	Ermordung von bis zu 300.000 Zivilisten und Kriegsgefangenen undVergewaltigung von über 20.000 Kindern und Frauen

Death Railway:	Zwangsarbeit durch Zivilisten und Kriegsgefangene mit über 100.000 Todesopfern
Todesmarsch von Bataan:	Kriegsverbrechen an Kriegsgefangenen"

An dieser Stelle der Versuch einer kurzen Erklärung des unfassbaren Grauens unter dem Oberbegriff»Ideologie«

Japanischer Nationalismus bedeutete, dass das Militär um ein Konzept dieser Zeit aufgebaut wurde: *Ein reiches Land hat ein starkes Militär (fukoku kyōhei)*. Japan als Land sei heilig, und das japanische Volk sei etwas Besonderes, was auf die Kombination des Zen-Buddhismus in Japan mit anderen Formen des Japanischen Buddhismus und Shinto zurückgeführt wurde.

Der Dienst in der Armee wurde als Dienst am japanischen Kaiser gesehen. Jeder Soldat wurde verpflichtet, es als große Ehre anzusehen, für den Kaiser zu sterben, da das Konzept des Samurai, zu dienen, tief in der gesamten soldatischen Kultur verankert war. Jeder Soldat solle sein Leben hinter sich lassen und benötige nichts als Ehre. Den eigenen Namen in Ehre zu halten und das Gesicht zu wahren, bedeutete ihnen alles. In diesem Sinne bedeutete *Yamato-Damashi* den alten japanischen Geist der Selbstbeherrschung im Angesicht großer Gefahr anzurufen, um niemals aufzugeben.

Das Konzept des *Yamato-Damashi* gab jedem Soldaten vor, sich nie gefangen nehmen zu lassen, nie zusammenzubrechen, nie zu kapitulieren. Ein Feigling zu sein oder gefangen genommen zu werden war eine Schande für die Familie, die Gemeinde und das Land. Jeder Soldat wurde ausgebildet, bis zum Tod zu kämpfen und es wurde von ihm erwartet, den Tod der Schande vorzuziehen.

Dieser einzigartige Code verbot jedem Soldaten jemals Kriegsgefangener zu werden. Jeder Soldat akzeptierte dies als Teil des Bushidō-Verhaltenskodex. Der Armeetheoretiker Sadao Araki empfahl auch die Anpassung des Bushido an die aktuellen Verhältnisse in Form der Seishin Kyoiku (»Spirituelle Ausbildung«) – Doktrin für die Indoktrination der Armee und die operative Ausbildung.

Diese Einstellung gegenüber dem Tod als Soldat und der Kriegsgefangenschaft kann teilweise auch die Behandlung fremder Kriegsgefangener durch die kaiserliche Armee erklären:

Wer sich ergibt und in Gefangenschaft begibt, hat seine Ehre verloren; die von Japan unterzeichnete Haager Landkriegsordnung wurde deshalb oft prinzipiell missachtet."[10]

CHINA wird am 01. Oktober 1949 von Mao Tse-tung als Volksrepublik ausgerufen, die 1969/70 mit dem Kommunismus als Lösung für alles in die sozialistische Republik mündete.

Es festigte sich eine kommunistische Parteiendiktatur, die mit harter Hand noch heute, 2016, das große Volk der Chinesen mit eiserner Knute drangsaliert

- von »alle Macht dem Volke« keine Spur!

- freie Meinung, Opposition, Parteienvielfalt sind für die Chinesische Regierung Fremdwörter

- es herrscht weiterhin durch ein weitgespanntes Überwachungsnetz die Kommunistische Partei

VIETNAM – was ist geworden aus jenem Land, dass nach dem bestialischen Krieg 1955-1975 mit dem so übermächtigen »Riesen« Amerika sich 1976 erhobenen Hauptes als Sieger fühlen konnte? War es wirklich notwendig, dass »Die Sieger« ihr eigenes geschundenes Volk nach seinem heroischen Kampf derart drangsalierten?

Man schuf 1976, wiederum unter dem Deckmantel von Kommunismus und Sozialismus, ein neues politisches Regierungssystem, bei dem sich Marx und Engels nur noch im Grab umdrehen können, um dieses neue »Vietnamesische Werk« zu würdigen:

- es gibt nur 1 Partei, weitere Parteien sind nicht zugelassen

- Opposition ist bei Strafandrohung nicht gestattet

- freie Meinungsäußerung und Kritik am Staat ist weitestgehend eingeschränkt

- damit gibt es auch keine freien Wahlen

- demokratische Wesensmerkmale sind also dieser Verfassung fremd

- auch sozialistische Merkmale kann man demnach nicht finden

- denn ohne »Echte Demokratie« kann kein sozialistisches Regierungssystem auf Dauer bestehen

---

[10] *https://de.wikipedia.org/wiki/Kaiserlich_Japanische_Armee*

Zusammenfassend wird hier festgestellt:

Ohne »Echte Demokratie« mit freien Wahlen, Teilung der Gewalten und garantiertem Recht zur Opposition von jedermann an jedermann kann es, wie in Vietnam zu sehen, auch keinen »Echten SOZIALISMUS« geben

- **Regierungsbildung und Regierung vom Volke für das Volk und durch das Volk wurde als große Chance 1976 von den Verantwortlichen in Vietnam vertan**

- **damit fällt auch der über Allem schwebende soziale/sozialistische Schirm weg, der gewährleistet, dass alle über das Jahr vom Volk erwirtschafteten Güter am Jahresende vom Volk gerecht an das Volk verteilt werden**

"Seit Neujahr 2014 hat Vietnam eine neue Verfassung – fast einstimmig verabschiedet von der Nationalversammlung im November 2013. Aber Hoffnungen auf eine politische und wirtschaftliche Öffnung werden enttäuscht.

Die **Kommunistische Partei Vietnams (KPV)** regiert das südostasiatische Land seit 68 Jahren. [...] Aufmerksamkeit erregte im Frühjahr 2013 insbesondere eine Petition von 72 Intellektuellen und Politikern unter der Führung des ehemaligen Justizministers Nguyen Dinh Loc. Eine zentrale Forderung der sogenannten »Petition 72« war die Revision von Artikel 4, der die Führungsrolle der KPV festschreibt. Stattdessen sollte ein Mehrparteiensystem eingeführt werden. Desweiteren sollten die Menschenrechte in Anlehnung an die Allgemeine Erklärung der Menschenrechte der Vereinten Nationen in die Verfassung aufgenommen werden."

"Reformisten enttäuscht

Die Hoffnungen der Unterzeichner der »Petition 72« und vieler Bürger wurden allerdings weitgehend enttäuscht. Artikel 4 der Verfassung wurde zwar umgearbeitet, aber im entgegengesetzten Sinne der Reformer:

Die Führungsrolle der KPV wurde weiter zementiert. Die KPV ist jetzt nicht mehr nur Führer der Arbeiterklasse, sondern aller Vietnamesen und der ganzen Nation."

"Einige Zusätze scheinen die Redefreiheit und andere Grundrechte zu garantieren sowie willkürliche Verhaftungen und politische Prozesse einzuschränken. Aber es gibt viele »Schlupflöcher« schreibt die Nichtregierungsorganisation Human Rights Watch

(HRW) auf ihrer Webseite. Artikel 14 schränke die an anderen Stellen der Verfassung eingeräumten Menschenrechte ein, wenn die nationale Sicherheit, die öffentliche Ordnung, die Gesellschaft oder die Moral gefährdet seien. Brad Adams, der Direktor des Asienbüros von HRW, urteilt abschließend:

»Die neue Verfassung hält sich alle Möglichkeiten offen, um mit harten Gesetzen und politischen Prozessen gegen Aktivisten und Kritiker vorzugehen.«" [11]

Da fragt man sich dann tatsächlich, wie weltfremd müssen doch die »Väter« der neuen Vietnam-Verfassung tatsächlich gewesen sein, als sie ihrem Volk und »Der Welt« die neue Bezeichnung für ihren wiedervereinigten Staat mitteilten:

SOZIALISTISCHE REPUBLIK VIETNAM.

Zu DDR-Zeiten hatte unser Land besonders zu Nordvietnam immer ein gutes Verhältnis. Davon zeugen 100.000 Vietnamesen, die bis 1989 bei uns arbeiteten, studierten und lebten. Trotzdem konnte, wie schon gesagt, die Vietnamesische Verfassung uns bei der Erarbeitung unserer »Neuen DDSR-Verfassung« keinerlei Vorbild sein.

KUBA – was ist aus diesem, mit der DDR so befreundeten Land geworden? Immerhin hat man ja ganz offenbar in die kubanische Verfassung die Bezeichnungen unserer DDR-Staatsorgane **Staatsrat** und **Ministerrat** aufgenommen. Interessant ist auch der folgende Vergleich, der zeigt, dass die DDR und Kuba vergleichbar groß bzw. klein sind:

DDR: 108.000 Quadratkilometer – 17 Millionen Einwohner

Kuba: 109.884 Quadratkilometer – 11 Millionen Einwohner.

So stand am 25.11.2016, dem Todestag von Fidel Castro, ganz plötzlich die Frage im Raum:

Was hat jener große Revolutionär in nahezu 50 Jahren Regierungszeit geleistet? Was hat er seinen 11 Millionen Landsleuten nach seinem Tode hinterlassen?

Er, Fidel Castro, sagte von sich selbst:

"Die Nachwelt und die Geschichte werden meine Leistungen beurteilen!"

---

[11] *http://www.dw.com/de/vietnams-neue-verfassung-tritt-in-kraft/a-17337530*

Und so geschah es dann auch sogleich:

Aus »Aller Welt« kamen von den Regierungen der Länder Beileidsbekundungen, die das Wirken des großen Revolutionsführers würdigten.

Doch merkwürdig:

Nur wenige Tage nach Fidel Castros Tod waren im Fernsehen kubanische Studenten auf Kubas Straßen zu sehen, mit dem Schrei auf den Lippen:

REVOLUTION! – REVOLUTION! – REVOLUTION!

FIDEL CASTRO! – FIDEL CASTRO!

Wir Zuschauer fragten uns, ob denn die Revolution nach über einem halben Jahrhundert immer noch nicht zu Ende sei. **"Wünschen denn die Studenten und das kubanischen Volk, dass die Revolution immer weiter geht – also niemals endet?"**

An diese Frage war natürlich sofort die Frage geknüpft, welche Regierungsform Fidel Castro seinem Volk hinterlassen hatte und da traf dann alle interessierten Kubabeobachter der Schock! Fidel Castro hatte zum Ende seiner 47 jährigen Regierungszeit, 2013, die folgenden Staatsämter in Kuba inne – er war gleichzeitig:

- STAATSPRÄSIDENT
- STAATSRATSVORSITZENDER (Regierung)
- MINISTERRATSVORSITZENDER (Regierung)
- COMMANDANTE (Oberbefehshaber der Streitkräfte)
- 1. SEKRETÄR DER KOMMUNISTISCHEN PARTEI (bis 2011)

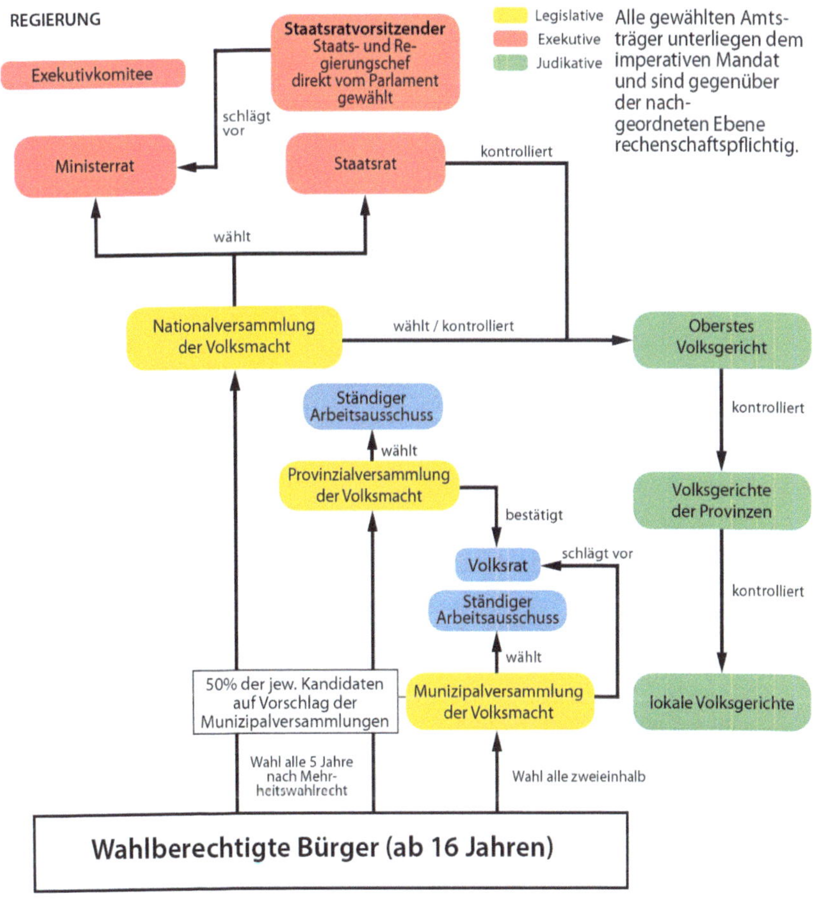

Abb. 7   Schema – Das politische Regierungssystem Kubas.

Die eigentliche Regierung, mit Staatsrat und Ministerrat (rot hervorgehoben)
– wohl der DDR-Verfassung entlehnt

Umzeichnung nach
https://cubaheute.wordpress.com/politik/politisches-system

Viele Menschen auf der Erde hegten die Vermutung, dass der studierte Rechtswissenschaftler Fidel Castro seine 47 Jahre Regierungszeit nutzte, seinem Volk eine Regierungsform zu hinterlassen, die jedem einzelnen Kubaner garantierte, sein Glück in Freiheit, Selbstbestimmung und Selbstverwirklichung zu finden.

Die Schreie der jungen Kubaner

REVOLUTION! – REVOLUTION! – REVOLUTION!

FIDEL CASTRO! – FIDEL CASTRO!

und die tiefe Trauer von Millionen des kubanischen Volkes an der Urne ihres Revolutionsführers auf einem über 900 km langen Trauermarsch bekundeten äußerst eindrucksvoll die tiefe Zufriedenheit des Volkes mit dem Wirken ihres Staatsoberhauptes – für jedermann zu lesen ist:

- "Kuba ist eine **Sozialistische Republik mit Einparteiensystem."**

Die kubanische Verfassung trat am 24. Februar 1976 in Kraft und wurde 1992 sowie 2002 reformiert. Sie bezieht sich auf die Ideen von José Martí, Karl Marx, Friedrich Engels und Lenin.

Kuba wird in ihr definiert als

"sozialistischer Arbeiterstaat [...] unabhängig und souverän, mit Allen für das Wohl Aller als eine **einheitliche und demokratische Republik,** für die **politische Freiheit,** die **soziale Gerechtigkeit,** den **individuellen und kollektiven Wohlstand** und die **menschliche Solidarität."**[12] (Artikel 1)

Der Kommunistischen Partei Kubas kommt die führende **Rolle in Staat und Gesellschaft zu** (Artikel 5). In Kuba gilt das Prinzip des demokratischen Zentralismus, d.h., alle Organe sind mit imperativem Mandat gewählt. Sie schulden nachgeordneten Gliederungen regelmäßig Rechenschaft und sind diesen gegenüber weisungsberechtigt.

Wir wissen, dass die Ämterfülle des Fidel Castros mit

- Staatspräsident
- Staatsratsvorsitzender
- Ministerratsvorsitzender

---

[12] *vergleiche: https://www.welt.de/print-welt/article396929/kuba-verankert-sozialismus-unwiderruflich-in-verfassung/ und https://images.google.de/imgres?imgurl=https://cubaheute.files.wordpres s.com/2014/...*

- Oberbefehlshaber der Streitkräfte und
- 1. Sekretär der Kommunistischen Partei

völlig konträr zu dem oben angeführten Postulat **»einheitliche und demokratische Republik«** steht.

Darf man diesen **»FÜHRER«**, der sich selbst **»REVOLUTIONSFÜHRER«** nannte, einen **»DIKTATOR«** nennen?

Ganz offenbar hat das Kubanische Volk seinem Staatspräsidenten den oben angeführten Widerspruch nicht übel genommen

- dies beweisen Revolutionsrufe und tiefe Trauer der Menschen des Karibikstaates unmittelbar nach Fidel Castros Tod!

Besonders untermauert wird die übergroße Zufriedenheit des Kubanischen Volkes mit der Doppelfunktion ihres Fidel Castro als Staatspräsident und Revolutionsführer bei der Änderung der Kubanischen Verfassung im Jahre 2002, als 8,1 Millionen der 8,2 Millionen Wahlberechtigten sich für eine Verfassungsänderung aussprachen:

Der kubanische Volkskongress verankerte daraufhin den Sozialismus als »unwiderruflich« im Staate der kubanischen Karibikinsel! (559 Abgeordnete ohne Gegenstimme).

Es erhebt sich in diesem Zusammenhang die Frage:

Zeigt uns der Kubanische Staatspräsident in seiner Daueraktion als Dauerrevolutionsführer wie eine ideale Regierungsform für ein Volk aussehen kann?

- der Revolutionsführer besetzt alle wichtigen Ämter im Staat

- alle Macht geht dann nicht vom Volk aus, sondern vom »Kubanischen Revolutionsführer« Fidel Castro!

Ein IDEALER König, ein idealer Kaiser, ein idealer »Führer« – das ist, was das Volk möchte!

Das Leben ist dann ja auch so schön einfach!

Der Führer sagt, wo es **lang geht, und die gesamte Herde rennt hinterher!**

Doch was ist, wenn der ideale Führer stirbt? Sind die Nachfolger dann auch ideale Menschen?

Es besteht durchaus die Gefahr, dass spätere Führer wieder »HITLER«, »STALIN« oder »MAO TSE-TUNG« heißen können, mit vielen Millionen Toten im »Gepäck«!

Es ist auch gar nicht sicher, dass der Nachfolger Fidel Castros, sein Bruder Raul, die »Größe« des Fidel hat und das Land nicht wieder in Chaos und Elend versinkt.

Auch bei Staatspräsident Fidel Castro lief nicht alles glatt:

- es gab 637 Mordanschläge auf seine Person

- etwa 3,3 Millionen Kubaner sind in die USA geflüchtet und hassen den Revolutionsführer über den Tod hinaus

- 1966 gab es zwischen den USA und der Sowjetunion fast einen Atomkrieg und Fidel Castro mittendrin!

- etwa 350 Castrogegner in kubanischen Gefängnissen nennt er selbst nicht »Oppositionelle«, sondern »KONTEREVOLUTIONÄRE«

- etwa 5.000 Oppositionelle sollen hingerichtet worden sein

Für uns, die »Macher« der »Neuen DDSR-Verfassung« ist die Kubanische Einmannregierung/Castro kein Vorbild:

- wir wählten den, für unser Volk beschwerlicheren Weg über eine »Echte Demokratie« als Grundlage für einen »Echten Sozialismus«

- **vom Volk für das Volk!**

Dieser Weg ist zwar viel umständlicher als das Politische Regierungsmodel »Fidel Castro«, aber dennoch auch viel sicherer!

Wir haben alle wichtigen Entscheidungen in unserem Staate auf die »Schultern vieler Personen« gelegt und vor jeder Entscheidung miteinander auf's Heftigste miteinander gerungen!

Wir haben heute auf unserer Erde etwa 200 Länder

- von denen ca. 100 Länder ihre Staatsform zusätzlich mit den Begriffen Sozialismus, Kommunismus oder mit dem Doppelwort Sozialismus-Kommunismus beschreiben. Auch jene Länder, die sich später vom Kommunismus/Sozialismus abwandten

All diese Länder, insbesondere einflussreiche Länder wie Russland und China, aber auch bekannte Länder wie Nordkorea, Vietnam, Kuba, Kambodscha und damals auch die DDR haben bis heute nicht begriffen, was Marx und Engels mit der »Herrschaft des

Volkes« gemeint haben. Von all diesen genannten Ländern ist es
keinem gelungen, eine auch nur annähernd gerechte sozialistische
oder kommunistische Regierungsform zu etablieren,

- **bei der die Macht vom Volk ausgeht und in allen wesentlichen Fragen auch beim Volk bleibt!**

Insbesondere das Wort Sozialismus wurde immer wieder so
abgewandelt, ja geradezu verlogen interpretiert, dass am Ende für
die Völker in der Regel Unterdrückung, aber immer Elend die
Folge war. Man sagt, dass aus »verbrannter Erde« immer wieder
etwas Neues keimt:

- doch was ist geworden aus der verbrannten Erde des 2. Weltkrieges?

- was haben die Menschen gelernt, nachdem sie ca. 70 Millionen ihrer Mitmenschen opferten für ihre Kriegsziele?

Amerika möchte gern Oberpolizist aller Völker sein

- und Millionen Amerikaner bekunden diese erschreckende Absicht bei der Unterstützung des Präsidentschaftskandidaten Donald Trump, 2016 – ein sehr bedenklicher Umstand, der auch bleibt, falls Trump nicht gewählt wird

- Amerika, ein Schmelztigel von ungelösten Problemen vieler Einzelvölker

- eine Spaltung des Volkes in superreiche, reiche Mächtige und viele Millionen arme Nichtbesitzer ohne Einfluss

- Kapitalismus in Reinform mit all seiner Ungerechtigkeit – wahrlich für das kleine Land der DDSR nicht nachahmenswert!

Auch **Japan** hat nach den Atombomben in Hiroschima und
Nagasaki nichts gelernt – rein kapitalistisch ausgerichtet wie auch
Frankreich und **Deutschland,** beseelt entsprechend der »Ludwig
Ehrhardschen Schlagworte«

WACHSTUM – WACHSTUM – WACHSTUM

– bis zu jenem Moment, an dem es für die arbeitenden
Bevölkerungsschichten kein Wachstum mehr geben wird!

- es gibt dann für die 7,4 Milliarden Bürger auf der Erde praktisch keine Arbeit mehr

- weil die **Roboter** nahezu alle Arbeiten übernommen haben!

**Zu dieser hochaktuellen Herausforderung an uns alle einige
Gedanken zu diesem Thema:**

New Economy – Glücksversprechen oder Fluch?

Das Schlagwort von der »Ökonomie 4« geistert seit einigen Jahren
durch die Gazetten. Was ist damit gemeint? Ein Versprechen ist es
allemal, nur welches?

Optimisten sehen in der Digitalisierung der Arbeitswelt in erster
Linie die Befreiung von Routinetätigkeit und die Steigerung der
Produktivität. Pessimisten erwarten ein Absinken weiter Teile der
arbeitsfähigen Bevölkerung in Rechtlosigkeit, ein Konkurrieren
um zeitlich begrenzte Billiglohnjobs und damit eine tiefgreifende
Spaltung der Bevölkerung.

Verbindliche Antworten sind nicht nur rar, sondern fehlen
weitgehend. Schon der Begriff »Ökonomie 4« ist umstritten.
Handelt es sich nur um ein Aufrücken um die Zahl 1 der
Ökonomie 3, also eine evolutionäre Veränderung oder eine
Revolution durch Digitalisierung der Arbeitswelten?

Einig scheint man sich in der Bewertung zu sein, dass erstmals
eine tiefgreifende Veränderung der Arbeitsabläufe vorab
ausgerufen wird, also bevor die eigentliche evolutionäre oder
revolutionäre Umwälzung ihren Siegeszug angetreten hat.

Während auf der einen Seite die größere Produktivität mit
Schalmeienklang gefeiert wird, bei der Sparpotentiale in
»Entwicklung, Fertigung, Vertrieb, Verkauf und Service«[13]
und die erwartete Hinwendung der Menschen zu sinnvolleren,
kreativeren Arbeiten betont wird, erwarten andere Experten ein
»Ende der Arbeit« mit weitgehendem Absinken der
Mittelschicht.

Die Profite der »old economy« sinken, die der neuen katapultieren
sich zu noch ungeahnten Höhen.

Als Old Economy werden die klassischen Industrien bezeichnet,
die materielle und greifbare Güter herstellen. Damit sind also
beispielsweise die Maschinenbau-, die Automobil-, die Bau- oder
die Chemieindustrie gemeint.[14]

---

[13] *vergleiche SPIEGEL 36, 2016, S. 10ff*

[14] *Börsenlexikon – Börsennews.de*

Alle Menschen, die heute noch Bildschirmarbeiten verrichten, sind von »Freistellung« bedroht, also nicht nur jene, die Routinearbeiten in Banken, Apotheken, in den Lagern der Industriebetriebe und Verkaufsstätten verrichten, sondern auch die sogenannten Wissensarbeiter.

»Deep Learning« in der Digitalisierung bedeutet z.B. auch, dass es ärztliche Diagnosen, ja sogar händische operative Eingriffe durch Digitalisierung, sprich Abrufen von Informationen aus Datenbanken bzw. Interaktionen, sogenannten Cobots **(Maschinen kommunizieren mit Maschinen)** notwendig werden.

Schreckensvisionen der »Gig-Economy« **(Arbeitskräfte werden je nach Auftrag bezahlt)** kreisen um eine völlig veränderte Teilhabe der Einzelnen am Arbeitsgeschehen, indem sie sich auf virtuellen Plattformen anbieten und für Billiglohn als freie Mitarbeiter bis zum Ende eines Projekts verdingen.

"Arbeitskräfte sind in der Regel nicht festangestellt, sondern werden pro Auftrag (Gig) bezahlt. Sie haben dementsprechend kein festes Einkommen und sind nicht für den Krankheitsfall oder das Alter abgesichert." [15]

DEUTSCHLAND,

SO GIPFELT DAS BEDROHUNGSSZENARIO,

DROHE DAHER EIN HEER DIGITALER TAGELÖHNER!

Feste Arbeitszeiten, lebenslange Bindung an eine Firma, Risikominimierung durch gewerkschaftliche Vertretungen werden zu nostalgischen Erinnerungen.

Ein weitgehender Verlust sozialer Sicherheit ist zu erwarten. Die Spaltung der Gesellschaft in Innovationsarbeiter, temporär bestallte Zuarbeiter (»crowd worker«, die Microjobs auf Honorarbasis bearbeiten) und eine Majorität ohne Arbeitseinkommen bestimmen alle Schreckensvisionen.

Bezogen auf dieses Schreckenszenario sind die Wissenschaftler Carl Frey und Michael Osborne von der Universität Oxford sehr konkret geworden.

Sie haben untersucht, wie groß die Bedrohung für 903 verschiedene Berufe ist.

---

[15] *FAZ, 05.10.2016*

Demnach arbeiten 47 % der Beschäftigten in den USA in Berufen, die in den nächsten 10-20 Jahren mit einiger Wahrscheinlichkeit automatisiert werden können. Höchst gefährdet sind Sekretärinnen, Verkäufer, Postboten oder Lagerarbeiter

– also insbesondere Routinejobs.

Auf der sicheren Seite sehen sie Altenpfleger, Erzieher, aber auch Manager-Berufe, die soziale Kompetenz verlangen.

**Würde man die Methodik auf Deutschland übertragen,
ließen sich hierzulande die Berufe von
42 % der Erwerbstätigen automatisieren,
das entspricht 18 Millionen Menschen!**

Zusammengefasst ergibt sich trotz allen Herunterspielens der aufgezeigten Gefahren, besonders aus Wirtschaftskreisen, ein gar erschreckendes Szenario für die Zukunft der Weltbevölkerung unter dem Konkurrenzkampf

MENSCH GEGEN MASCHINE

und der bestürzenden Erkenntnis, u.a. des Wissenschaftlers Richard Freeman:

**„Wem die Roboter gehören,
der regiert die Welt"!**

Falls die oben prognostizierten düsteren Visionen zutreffen, ist Folgendes zu befürchten: Es kommt zu einem Riesenkonflikt unter den Menschen

- die Milliarden Nichtbesitzenden werden sich alles Notwendige von den wenigen superreichen und reichen Besitzenden mit unendlich viel Kapital und Grundbesitz nehmen, um ihre Familien und Kinder zu schützen

DIE REVOLUTION IST DA!

- und diese Revolution wird blutig sein, dann wird nicht nur »eine Zarenfamilie« weggefegt, sondern der Bazillus der Revolution verselbständigt sich
- vergleichbar einem Buschfeuer werden alle 200 Länder der Erde flächendeckend überzogen!!!

Da auch wir Menschen aus dem kleinen Volk der DDSR wissen, dass wir keine Heiligen sind, ist uns auch bewusst, dass wir mit unserer Neuen Staatsform nichts absolut Ideales schaffen konnten. Wir sind aber sehr betroffen, dass wir keine der 100 politischen Regierungsformen, genauso wie die übrigen 100 sogenannten

»sozialistisch/kommunistischen« Staatsgebilde übernehmen konnten.

Allesamt waren sie für uns kein Vorbild!

So sind wir davon überzeugt, dass wir mit dem von uns geschaffenen »DEMOKRATISCHEN SOZIALISMUS« unserem Volk eine Regierungsform an die Hand gegeben haben, mit der es sein eigenes Schicksal weitestgehend gerecht für jedermann selbst gestalten kann.

Wir verzichteten bei der Erstellung unseres politischen und wirtschaftlichen Regierungssystems für die

Deutsche Demokratisch-Sozialistische Republik (DDSR)

auf alles Theoretisieren, sondern haben dem praktischen Handeln den Vorzug gegeben.

17 Millionen Bürger unseres Staates sind nunmehr in der Lage, unter dem Schutz der von ihnen erarbeiteten und mit überwältigender Zustimmung ins Leben gerufenen Verfassung, ihren selbst gewählten »**NEUEN WEG**« zu gehen.

Neben die Vorzüge der **Demokratie** haben wir die Vorzüge einer neuen Wirtschaftsform gestellt, bei der **Kapital** und **Arbeit** als gleichberechtigte Pfeiler das Wohl allen Wirtschaftens bestimmen, dem neu von uns interpretierten **Sozialismus**!

Als neue Regierungsform für unser Volk ergab sich damit das Recht für alle unsere Mitbürger auf:

GLÜCK

In

Freiheit, Gleichheit, Selbstbestimmung,

abgesichert unter dem Schirm der

Solidarität,

genannt

DEMOKRATISCHER-SOZIALISMUS!

10.0 Die Hoffnung der »Toraner« – 2.500.000 Lichtjahre von der »Menschenerde« entfernt

Hier bin ich wieder, Immo, der wissbegierige Junge vom Planeten »Tora« in der Andromeda-Galaxie. Es ist nun an der Zeit, dass Sie, meine verehrten Leser, etwas mehr erfahren vom Volk der »Toraner«. Dabei werde ich unser größtes Geheimnis preisgeben. Sie werden dabei auch erkennen, wie eng die Geschichte der »Toraner« verwoben ist mit der Geschichte der Menschheit.

Erstmals 2011 habe ich Ihnen im Roman **»Prinzessin der Herzen – ein Drama im Spiegel der Galaxien«** und dann ein weiteres Mal im Roman **»Adolf Hitler DAS BÖSE – und die Rache des Ziegenbocks von Leonding«** gezeigt, wie wir »Toraner« aussehen. Eine Strichzeichnung von meiner Mutter und mir füge ich zu Ihrer Information nochmals an. Sie soll das Vergleichen von zwei nebeneinander gestellten Bildern erleichtern.

Abb. 8 Immo, ein Junge auf dem Planeten "Tora" mit seiner Mutter.
(2.500.000 Lichtjahre entfernt von der »Menschenerde«),

Abb. 9 "Ata", der nur bleistiftgroße Skelettkörper aus der Atacama-Wüste/ Chile, gefunden 2003 (rechts)

(»Atas Mutter« hinzugefügt vom Autor, links)

[Quelle: Stanford University, Steven M. Greer]

140

Für Sie, meine verehrten Leser, ist der glückliche Umstand eingetreten, dass Ihre Wissenschaftler 2003

»Den Kleinen aus der Atacamawüste« in Chile gefunden haben (obige Abb. 9),

- jenen kleinen, nur 13 Zentimeter großen Skelett-Körper, der den Menschen so viel Kopfzerbrechen macht

Falls Sie genau hinsehen und die beiden Bilder vergleichen, werden Sie, verehrter Leser, bei der Betrachtung große Übereinstimmung feststellen. Und richtig, so viel darf ich schon heute verraten:

»Der Kleine«, mit dem nur bleistiftgroßen »Körper« gehört mit allergrößter Wahrscheinlichkeit zu einem kleinwüchsigen Bergvolk, das vor mehreren Millionen Jahren auf der »Menschenerde« lebte. Mehr darf ich zu diesem Zeitpunkt noch nicht verraten, so lautet die Anweisung meiner Regierung auf »Tora«.

So wissen auch wir zu diesem Zeitpunkt nicht, wie »Der Kleine« aus den Bergen in die Atacamawüste kam. Erst eine Fernanalyse von »Tora« aus, wird Klarheit schaffen, wie »Der Kleine« mit Hilfe von riesigen Erdverwerfungen, hervorgerufen durch mehrere Eiszeiten, seine ungewöhnliche Wüstenruhestätte fern seiner Heimat fand. Auch seine genaue Herkunft und sein Alter können dann nachgewiesen werden.

Immerhin haben Ihre Wissenschaftler auf der »Menschenerde« bereits vorgearbeitet und festgestellt, dass »Der Kleine« über menschliche, aber auch über »außerirdische« DNA verfügt. Ich werde Ihnen später nachweisen, dass diese beiden an sich unterschiedlichen Merkmale in sich selbst keinen Widerspruch darstellen, sondern durchaus ein Bindeglied zwischen den Menschen und uns »Toranern« sein können.

Nun zu den besonderen Wesensmerkmalen von uns »Toranern« und der Bezug zu den Menschen.

Mein Vater, ein General von »Tora«, wird mich bei meinen Erklärungen unterstützen, da ich mit meinen Studien noch nicht so weit bin, alle nötigen Informationen allein zu geben:

"Ja, mein Sohn", – beginnt mein Vater, indem er auf die besonderen Unterschiede zwischen uns »Toranern« und den Menschen eingeht –"wir auf »Tora« können nicht fühlen wie die Menschen –

Glück, Trauer, Freude sind Empfindungen, die uns bereits vor vielen Millionen von Jahren verloren gegangen sind. Das liegt ganz einfach daran, dass in unserem Körper alle Funktionen durch Chips gesteuert werden, die in unserem Kopf sitzen. Wir sind nicht einmal in der Lage, zu weinen. In strengem Sinne sind wir deshalb nur noch »Maschinen«, obwohl wir den Menschen in vielen Dingen ähnlich sind.

Auch werden während unseres Lebens, das durchaus 70.000, gar 80.000 Jahre währt, alle Organe und Glieder mehrfach gegen neue ausgewechselt – und wenn bei uns der »Schalter« auf Tod gelegt wird, dann sind wir wirklich tot – augenblicklich!

Schade, auch wir »Toraner« würden allzugerne Gefühle haben wie die Menschen und die »Keraner«. Unser Dasein wäre um vieles liebenswerter. Doch das sind nur Träume, fromme Wünsche. Leider können wir die Fähigkeit zum Fühlen niemals wieder zurückerlangen – trotz unserer übergroßen Intelligenz. Darin sind uns die primitiven Wesen auf Erde I und Erde II haushoch überlegen.

Auch wir »Toraner« waren einmal vor langer, langer Zeit zu schönen Empfindungen fähig wie

- glücklich sein

- fröhlich sein

- traurig sein

und auch dazu, uns über etwas zu freuen.

Alles begann vor über 65 Millionen Jahren auf der »Menschenerde« als die Dinosaurier starben. Ein Komet aus dem Weltall vernichtete damals das Leben aller großen Tiere und auch der Pflanzen. Stürme, Feuersbrünste, Ascheregen und Überflutungen rasten über den Erdball und eliminierten fast alles Leben auf Erde I. Doch wie es manchmal im Kleinen ist, so verhält es sich auch im Großen

- aus der Asche der verbrannten Erde entsteht wieder neues Leben

Und nun staune mein Sohn", fährt mein Vater fort,

"was damals zunächst zaghaft und schwach wie kleine Pflänzchen aus dem zerstörten Erdreich hervorkam, siehst Du heute hier auf unserem Planeten »Tora«:

Unser intelligentes Volk, das in dem verwüsteten Erdplaneten (Erde I) seinen Ursprung hat!

Ja, das ist eigentlich eines unserer größten Geheimnisse:

Wir »Toraner« stammen von der »Menschenerde«!

Wir entwickelten uns schnell – und auch die Tiere und die Pflanzenwelt.

Ja, mein Sohn, wir »Toraner« sind die Vorfahren der Menschen, was diese natürlich nicht wissen, nicht im Entferntesten ahnen. Selbst wenn sie es in diesem Buch lesen, werden sie es nicht glauben, obwohl sie sich schon seit Menschengedenken mit dem Gedanken ihrer Herkunft herumschlagen – weil sie wissen, dass mit ihrer Herkunft irgend etwas noch im Dunklen liegt!

Die einen meinen, der Mensch stamme vom Affen ab. Die anderen vertreten die Ansicht, Menschwerdung erschließt sich aus einer ganz anderen Abstammungslinie – entwickelt aus Mikroben zu kleinen Lebewesen und dann über das Erlernen des aufrechten Ganges bis hin zum »Homo sapiens«.

Eine dritte Theorie der Menschwerdung vertritt die Auffassung, dass alles einem Gott, einem Schöpfer zuzuschreiben sei. So liest man in dem großen Buch, das sie Bibel nennen:

›Gott schickte Adam und Eva, damit sie sich vermehren mögen!‹

Wissenschaft ist bei dieser Gruppe nicht so sehr gefragt. Stattdessen setzt hier der Glaube ein. Das geschieht immer dann, mein Sohn, wenn die Menschen keine rechten Erklärungen haben, wie z.B. für ihre Herkunft, das Leben, den Tod und das Leben nach dem Tod.

Man könnte allen drei theoretischen Richtungen attestieren, dass ihre Verfechter in der Menschwerdungsfrage gar nicht so ganz falsch liegen. An jeder dieser drei Denkrichtungen ist etwas Wahres dran. Man befindet sich schon irgendwie auf dem richtigen Weg – das Ziel zwar erahnend, aber wegen letzter fehlender Bestätigung doch nur schemenhaft im Nebulösen liegend.

Es ist schon erstaunlich, mit welcher Energie und Intensität der Mensch hinsichtlich seiner Herkunft nach brauchbaren Erklärungen sucht, geradezu verbissen ist, Antworten auf diese brennenden Fragen zu finden.

So wirst Du nun wiederum staunen, mein Sohn, wenn ich Dir ein paar Dinge erkläre, die Du im Rahmen Deines Studiums noch nicht bearbeitet hast:

Wir »Toraner« entwickelten uns nach der furchtbaren Katastrophe auf der »Menschenerde« vor nunmehr 65 Millionen Jahren in einem rasanten Tempo.

Man kann unsere Wissens- und Entwicklungssprünge durchaus mit denen der Menschen und »Keraner« vergleichen. Nur sind diese Spezies mit ihren gerade mal 200.000 Jahren Entwicklungsgeschichte noch sehr jung, so dass ihre Intelligenz noch nicht die unsrige erreicht hat.

So waren wir auch bald fähig, ferne Sterne, Planeten und andere Sonnensysteme zu besuchen. Während unserer Evolutionsgeschichte gelang es uns, im Weltall alsbald Reisegeschwindigkeiten zu erreichen, die dem Vielfachen der Lichtgeschwindigkeit[16] entsprachen. Für uns gab es bald keine Probleme, mit mehr als einer Milliarde Kilometern pro Sekunde zu reisen.

Dazu ein kleiner Vergleich zur Veranschaulichung bezüglich dieser enorm hohen Reisegeschwindigkeit: So haben wir neben Meter und Kilometer als neues Längenmaß den Erdumfang von Erde I[17] eingeführt.

Damit ist eine Hilfsgröße entstanden, dass selbst menschlicher Verstand eine kleine Vorstellung von den riesigen Entfernungen im All bekommt: Danach würde ein Raumschiff bei Lichtgeschwindigkeit 7,5mal in einer Sekunde um den Erdäquator I fliegen.

Bei einer Reisegeschwindigkeit von einer Milliarde Kilometern in einer Sekunde betrüge dann die Zahl der Äquatorumrundungen pro Sekunde bereits 25.000 – das geschähe dann bei 3375facher Lichtgeschwindigkeit.

Bei dieser Reisegeschwindigkeit erreichten wir unsere neue Heimat auf »Tora« in der Andromeda-Galaxie in etwa 600 Menschenjahren – einer damals durchaus angemessenen Reisedauer. Da unsere Lebenserwartung auch auf viele Tausend Jahre gestiegen war, gab es für uns in dieser Frage keine Probleme.

---

[16] *Die Geschwindigkeit des Lichtes (Lichtgeschwindigkeit) beträgt etwa 300.000 Kilometer pro Sekunde.*

[17] *Der Erdumfang der Menschenerde, gemessen am Äquator, beträgt etwa 40.000 Kilometer*

Auch die Reisedistanz nach »Tora« war schon wegen der fast unendlichen Entfernung von über 2 Millionen Lichtjahren natürlich nicht mit normal betankten Flugobjekten zu erreichen – sei es Dieselöl, Kerosin oder Kernspaltung.

So haben unsere Raumschiffe heute nur die Brennstoffmenge an Bord, die nötig ist, um etwa 600 Jahre lang während des Fluges die Besatzung und alle technischen Systeme im Inneren zu versorgen.

Am äußeren Schiff befindet sich nichts – nur glatte Oberfläche.

Dabei kam uns ein gewaltiger Sprung in unserer Evolutionsgeschichte zu Hilfe, ohne den unbeschwertes schnelles Reisen im Weltall nicht möglich wäre.

Es gelang uns, die größte im All bekannte Energie zu zähmen und für die Raumfahrt nutzbar zu machen:

»SCHWARZE LÖCHER«!

»Schwarze Löcher« können verwendet werden, um ganze Sterne und Planeten zu zerstören oder neu entstehen zu lassen. So könnte auch keine andere Macht im All es mit uns aufnehmen, falls es zu einer kriegerischen Auseinandersetzung käme. Diese Gefahr eines intergalaktischen Krieges ist damit für alle Zeiten gebannt. Kriege gibt es nur noch bei den unterentwickelten Spezies, den Menschen, den »Keranern« und den »Kersteken« auf ihren Erden I, II und III.

Wollen wir z.B. von »Tora« zur »Menschenerde« reisen, so bereiten wir für die gesamte Distanz von 2,5 Millionen Lichtjahren einen Raumtunnel vor. Dieser Flugkanal ist dann auch von allen Asteroiden und weiteren herumfliegenden Objekten gereinigt, so dass der eigentliche Reiseweg absolut frei ist von unerwünschten Hindernissen.

Unser Raumschiff hat die ideale Flugform – nämlich die der Kugel:

widerstandsfähig,

stabil und ausgestattet mit

größtmöglichem Rauminhalt bei kleinster Hülle!

Die Energie des »Schwarzen Loches« setzt nun so an, dass das »Kugelschiff« durch den Tunnel gezogen, aber auch gleichzeitig von hinten geschoben wird.

Auf die gewaltigen Kräfte, denen unsere Körper als Besatzung des Raumschiffes bei der Beschleunigung und auch beim Abbremsen ausgesetzt sind, soll an dieser Stelle nicht eingegangen werden – das Problem haben wir aber bereits vor langer langer Zeit gelöst.

Die Menschen und auch die »Keraner« wundern sich, weil sie bei allen Überlegungen zur Praxis des Weltraumreisens nicht wesentlich weiterkommen. Ihre heutigen Geschwindigkeiten zum Mond, zum Jupiter und zum Mars von 20.000 bis 30.000 Kilometern pro Stunde (5,6 bzw. 8,3 Kilometer pro Sekunde) sind natürlich völlig ungeeignet zum Überbrücken intergalaktischer Entfernungen!

Die Menschen und die »Keraner« wundern sich darüber, dass sie auch theoretisch bei allen Überlegungen betreffend des Weltraumreisens nicht vorankommen. Das liegt ganz einfach daran, dass bezogen auf die »Unendlichkeit des Weltalls« die kleinen menschlichen und »keranischen« Gehirne nicht geeignet sind, auch nur ansatzweise tragbare Lösungen verständlich zu erarbeiten.

Es bedurfte auch bei uns »Toranern« ganz neuer Denkansätze sowie Entwicklung neuer Sprachen und Rechenoperationen – zu leisten nur von Maschinen.

Selbst wenn der geniale Physiker Albert Einstein von der »Menschenerde« weitere 10.000 »Einsteins« zur Unterstützung hätte, sein Raumschiff würde bei den heute möglichen Geschwindigkeiten nicht einmal den ersten Stern in seinem eigenen Sonnensystem erreichen (5 Lichtjahre $\approx$ 50 Billionen Kilometer): Der intergalaktische Traum der Menschheit würde also für diese zur Zeit niemals wahr werden!

So hat eine Fernsehsendung mit Namen »Star Trek« bereits erkannt, dass man schon mit 1 Milliarde Kilometern pro Sekunde reisen muss, um andere Welten zu erreichen. Die Ingenieure von »Star Trek« unterteilen ihre Geschwindigkeiten beispielsweise von »Warp 1« bis »Warp 15«.

Diese »Warp-Stufen« werden in die 3. Potenz erhoben und dann mit der Lichtgeschwindigkeit multipliziert.

Das bedeutet beispielsweise für »Warp 2«:

2^3 mal 300.000 Kilometer pro Sekunde

= 8 mal 300.000 Kilometer pro Sekunde

= 2.400.000 Kilometer pro Sekunde.

Das bedeutet für »Warp 15«:

15^3 mal 300.000 Kilometer pro Sekunde

= 3375 mal 300.000 Kilometer pro Sekunde

≈ 1.000.000.000 (1 Milliarde) Kilometer pro Sekunde.

In Worten: Bei »Warp 15« reist man im Weltraum mit einer Geschwindigkeit von 1 Milliarde Kilometern pro Sekunde.

In besagten Filmen fliegen die Menschen auch schön schnell und weit, wobei ihre Antriebsenergie im Inneren des Raumschiffes in Form von Treibstoff gebunkert ist.

Doch es bleibt die Frage: Wie weit gedenken sie tatsächlich zu kommen, wenn sie ihre Traumfabrik »Film« verlassen?

Falls ihr Raumschiff gar so groß wäre wie das der »Toraner« – selbst bei **Kugelform mit 10 Kilometern Durchmesser** und 523 Kubikkilometern Rauminhalt für Treibstoffbunker – wäre die Reise wegen der geradezu unendlichen Wegstrecken schnell zu Ende!

Man bedenke, dass allein die Flugdistanz von der »Menschenerde« nach »Tora« in der Andromeda-Galaxie einer Größe entspricht von etwa 10 Billionen Kilometern[18] multipliziert mit 2 Millionen Jahren Flugdauer.

Das ergibt, ausgedrückt in Zahlen:

10.000.000.000.000 mal 2.000.000
= 20.000.000.000.000.000.000 Kilometer
= 20 Trillionen Kilometer.

Weil auch der Wissenschaft auf der »Menschenerde« dieses Problem bekannt ist, und man weiß, dass die möglichen Treibstoffmengen im Raumschiff geradezu winzig klein sind im Vergleich zu den gewünschten riesigen Distanzen in der »Unendlichkeit des Alls«, haben sich manche eine Eselsbrücke gebaut.

---

[18] *1 Lichtjahr entspricht etwa 10 Billionen Kilometer – errechnet aus:*

1 Jahr in Sekunden:
365 Tage x 24 Stunden x 60 Minuten x 60 Sekunden
≈ 31.000.000 Sekunden

1 Lichtjahr in Kilometern:
31.000.000 Sekunden x 300.000 Kilometer/Sekunde
≈ 10.000.000.000.000 Kilometer (10 x 10^{12} Kilometer)
= 10 Billionen Kilometer (bitte nachrechnen!)

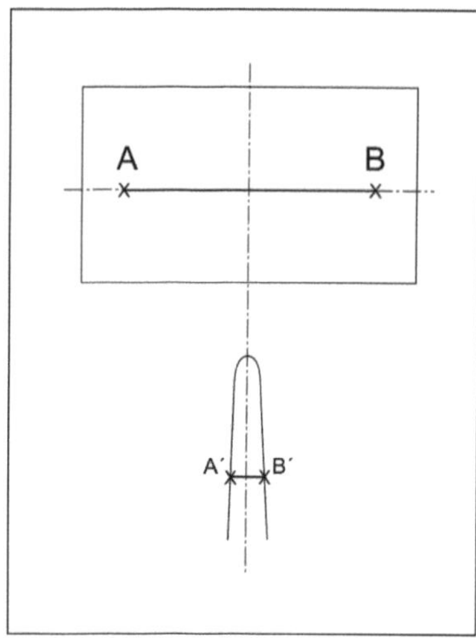

Abb. 10 Schema – Der »Weltraum« zusammengefaltet wie ein Blatt Papier: Der Weg von A nach B wird deutlich verkleinert auf die Entfernung A' nach B'.

Man fliegt nicht mehr 2.000.000 Lichtjahre von A nach B, nein, man klappt den gesamten Weltraum einfach zusammen wie ein Blatt Papier – im Extremfall Blatthälfte an Blatthälfte und fährt nur noch durch die Blätter hindurch (Abb. 10, unten).

Der Satiriker würde sagen: »Einfach genial gelöst!«.

Kürzlich gab es eine Fernsehsendung[19] auf der »Menschenerde«, wo es sich zeigte, dass man der Lösung des Geheimnisses der menschlichen Herkunft schon sehr nahe gekommen ist.

Die Wissenschaftler hatten erkannt, dass im Rahmen ihrer genetischen Betrachtungen alle Menschen auf Erde I von den gleichen Vorfahren abstammten. Sogar der verstorbene Präsident Mobutu des Kongo hatte sich diese neuen Erkenntnisse zu seinen Lebzeiten zu eigen gemacht, denn er verkündete, bezogen auf alle Menschen dieses Planeten, wörtlich:

›Wir sind alle eine große Familie, weil wir die gleichen Vorfahren haben!‹

Danach gibt es in strengerem Sinne keine Chinesen, Japaner, Europäer, Mongolen, Araber, Indianer oder Afrikaner – die Gene beweisen es:

Wir haben alle den gleichen »Urvater«!

Die Gene, das Erbgut aller Völker, ist in seinem Ursprung gleich, egal, ob sie nun gelb, schwarz, weiß oder gar rot sind.

---

[19] *»Eine Frage der Gene: Die Menschheit eine große Familie?«, Arte Themenabend am 18.10.2011*

Vor etwa 70.000 Jahren gab es danach in Afrika eine kleine Gruppe von nur ca. 10.000 schwarzen Menschen[20]. Die Spezies wanderte dann in Teilen nach Asien, Australien, Europa und über Alaska nach Amerika. Die ursprünglich schwarzhäutigen Menschen passten sich relativ schnell dem Klima ihrer neuen Lebensräume an und entwickelten im Rahmen ihrer evolutionären Angleichung an die neuen Umwelten auch unterschiedliche Hautfarben wie weiß, gelb, braun oder rot.

Die Quintessenz dieser Erkenntnisse:

›Die Wiege der Menschheit liegt in Afrika‹.

Nun, mein Sohn, könnte man sagen: Falls die Menschen es fertigbringen, über ihren »eigenen Schatten« zu springen, dann ist es bis zur Wahrheit nur noch ein kleiner Schritt. Sie ergänzen die Aussage ihrer »Bibel«:

›Gott sandte Adam und Eva als erste Menschen auf die Erde‹, sagt die Bibel und wir »Toraner« fügen hinzu ›**und er schickte sie nach Afrika und ihre Hautfarbe war schwarz!**‹

Dann hat natürlich auch der erwähnte Präsident Mobutu recht, wenn er sagt:

›Die Wiege der Menschheit liegt in Afrika – mit dem gleichen Vater und der gleichen Mutter als Vorfahren.‹

Das bedeutet, dass sie alle auf Erden keine Einzelvölker, sondern tatsächlich eine große Familie sind, die in den Anfängen die gleiche genetische Ausstattung hatte! Und in der Tat, mein Sohn, in dieser Frage haben die Menschen das Rätsel um ihre Herkunft beinahe gelöst – beinahe muss ich hinzufügen, denn das Wesentliche fehlt noch!

Damit Du, mein Sohn, auch in Deinen Geschichtsstudien weiter kommst, muss ich Dir noch einige Informationen geben:

Als wir »Toraner« nach mehreren Millionen Jahren damals die Intelligenzstufe erreicht hatten, den Weltraum zu beherrschen, wurde es höchste Zeit, diese, unsere Fähigkeiten auch zu nutzen, **denn:**

---

[20] *»Eine Frage der Gene: Die Menschheit eine große Familie?«, Arte Themenabend am 18.10.2011*

- die Erde hatten wir heruntergewirtschaftet, vergleichbar dem, was den Menschen wohl auch bald gelingt, wenn sie so weiter machen wie bisher

- Atombrennstäbe und allen weiteren anfallenden Müll einer Technikgesellschaft hatten wir unter uns im Erdinneren, in den Weltmeeren und über uns in der Atmosphäre gelagert

- die »Kleine Kugel« war regelrecht ausgesogen, ja geradezu »ausgelutscht«, denn alles Nutzbare, wie heiße Dämpfe, Lava und alle Bodenschätze hatten wir entnommen

- als Ausgleich zur Aufrechterhaltung der Gleichgewichte wurden anfallende Gifte wie z.B. Kohlenmonoxid, Kohlendioxid, Schwefeldämpfe u.a. ins Erdinnere gepumpt

Da wir ohne Planung alles, was man als Industrienationen brauchte an günstigen Stellen herausnahmen, aber an anderen Stellen planlos unsere Abfallgifte wieder der Erde übergaben, hatte das zur Folge:

Der kleine Erdball mit seinen gerade mal 12.000 Kilometern Durchmesser wurde instabil!

Die »Kugel« sah aus wie ein alter Fußball, dem die Luft ausgegangen war – ein Fußball, der so hässlich und unbrauchbar war, dass es auch nicht ein einziges Kind gab, dass damit hätte »spielen« wollen!

Riesige Erdspalten unter den Ozeanen – Tsunamis – Treibhauseffekt mit Schmelzen der Pole – Anstieg der Ozeane mit der Folge des Untergangs ganzer Länder und Kontinente – Kriege mit konventionellen und Atomwaffen - waren das Ergebnis.

Kleine Länder warfen Nuklearbomben auf kleine Nachbarländer mit der Folge, dass die radioaktiven Wolken auch große Länder trafen – tägliche Horrormeldungen von Überschwemmungen, die sich abwechselten mit Dürreperioden – Wälder gab es nur noch in Kulturfilmen zu sehen – Revolutionen »weltweit«, auch die Jugend rebellierte – die Bevölkerung wuchs ungebremst – der Kampf um Arbeit, Wasser, Brot und Geld eskalierte – keiner wartete mehr, Geduld war ein Fremdwort – die »Nichtbesitzenden« nahmen sich von den »Besitzenden«, was sie brauchten, und das ging in der Regel nur, wenn auch der Hals abgeschnitten wurde – der Verteilungskampf unter den einzelnen

Volksschichten war geradezu mörderisch, auch das Tier tötet das
Tier, falls die eigenen Jungen verhungern – hinzu kamen ganz
neue, bisher unbekannte Krankheiten – Seuchen entstanden
urplötzlich wie aus dem Nichts und rafften von uns nicht nur
Millionen dahin, sondern Milliarden!

Wir hatten es »geschafft«:
Die »Kleine Kugel« war außer »Rand und Band«!

Doch dann geschah etwas ganz Unerwartetes.

Der allerletzte verbleibende Teil der Erdbevölkerung schloss sich
zusammen, bündelte alle Energie und alles Wissen mit nur einem
Ziel:

›Auswandern nach »Tora« in die Andromeda-Galaxie!‹

Das war auch für uns die einzige letzte verbleibende Chance, denn
gleich mehrere Eiszeiten kündigten sich mit rasanter
Geschwindigkeit an.

So kam es, mein Sohn, dazu, dass die letzten »Toraner« von den
ursprünglich **fünfundzwanzig Milliarden** Erdbewohnern vor sich
selbst und vor den nahenden Eiszeiten flüchteten!

Als wir Letzten unseres Volkes uns in unserer neuen Heimat auf
dem Planeten »Tora«, den wir Erde IV nannten, eingelebt hatten,
waren wir bereit, aus unserer eigenen Geschichte – dem Versagen
ganzer Völker – zu lernen!

Nachdem wir »menschliches Denken« auf »Tora« überwunden
hatten, wurden von unseren riesigen Rechenzentren und
»Computergehirnen« Lebens- und Wirtschaftsmodelle entwickelt,
die jeden einzelnen von uns als »gleiches Individuum« unter
»Gleichen« berücksichtigten:

- Reich und Arm
- Hunger und Überfluss
- Siechtum und Krankheit
- Herren und Sklaven

Das Alles gab es bei uns nicht mehr!

Mit Ausschalten des früheren Egoismus brach für uns alle eine
neue Zeit an!

Das, mein Sohn, was Du heute noch in den Handlungen der
»Star Trek-Filme« auf Erde I siehst, ist natürlich nur »fantastisches
Gespinst« der Menschen dort.

Wie die heutigen Menschen nun einmal gepolt sind, so stellen sie sich natürlich auch intergalaktisches Leben außerhalb ihres Sonnensystems vor.

Wenn ihre Filmraumschiffe ferne Welten erreichen, dann gibt es natürlich sofort wieder

- Neid
- Hass
- Unterdrückung
- Streben nach Macht bis hin zur Weltherrschaft

Alles einzuordnen unter dem Sammelbegriff:
»EGOISMUS«.

Wesen, auf die man bei intergalaktischen Reisen stößt, können ja nur böse, verschlagen, hinterhältig und herrschsüchtig sein!

Weil dies so in den archaischen Denkschemata der Menschen eingeprägt ist, müssen Begegnungen mit außerirdischem Leben auch stets zu Gewalttätigkeiten mit Stich-, Hieb-, Feuer- und Laserwaffen führen.

Die »Star Trek-Filme« zeigen dieses Denken, das wie ein Gesetz auch die fiktiven Geschehnisse in den filmisch aufbereiteten Abenteuern im interstellaren Raum bestimmt.

Unmittelbar nach unserem furchtbaren Versagen auf Erde I und der anschließenden Besiedelung des Planeten »Tora« bewegten unser Volk nur noch zwei Fragen:

- **Ist jede »Intelligente Spezies«, vergleichbar den Fähigkeiten der »Toraner«, dazu verdammt, sich selbst zu vernichten?**
- **Ist dies ein ungeschriebenes Gesetz, das für alle Zeiten Gültigkeit hat – oder ist das eigene Volk imstande, sich selbst zu retten, indem es aus seiner eigenen Geschichte lernt?**

Deshalb haben wir damals auf »Tora« das Folgende beschlossen:

Wir wollen einen Großversuch durchführen.

Wir möchten wissen, ob eine Rasse wie die unsere die gleiche Entwicklung durchmacht, wenn sie Bedingungen vorfindet, wie auch wir sie damals auf der Erde I vorfanden.

Und nun staune, mein Sohn:

So setzten wir vor 200.000 Jahren in Afrika auf dem menschenleeren Planeten Erde I tatsächlich zwei menschliche Wesen aus, die mit dem heutigen »Homo sapiens« genetisch weitgehend übereinstimmen – einen jungen Mann und eine junge Frau mit tiefschwarzer Hautfarbe! Sie waren im Unterschied zu anderen Lebensformen mit Intelligenz und einem Körperbau ausgestattet, der es ihnen in weitestem Sinne erlaubte, aufrecht zu gehen und primitive Werkzeuge für die Nahrungsbeschaffung herzustellen.

Damit ist auch das große Buch der Menschen, die »Bibel«, in Teilen bestätigt. Das, was sie in dieses Buch schreiben, ist also – bis auf die Gottesherkunft und die Hautfarbe – wahr:

Der schwarze Adam und die schwarze Eva sind tatsächlich der »Urvater« und die »Urmutter« der Menschheit!

Von nun an verfolgten viele Universitäten auf »Tora« wie aus einem schwarzen Menschenpaar, nennen wir es ruhig so, wie aus diesem Paar über sieben Milliarden Menschen des 21ten Jahrhunderts auf Erde I wurden – weiße, gelbe, braune, rote und auch schwarze!

Die Zielsetzung, die wir uns für diesen Großversuch selbst vorgaben, lautete:

Herausfinden, ob sich die Spezies »Mensch« genau so entwickelt wie wir »Toraner«.

- **Wird die Spezies »Mensch« möglicherweise aus der eigenen Geschichte lernen, so dass sich einmal begangene Fehler nicht wiederholen?**

- **Wird sie möglicherweise sogar schneller lernen als wir oder wird sie sich umgekehrt noch schneller als wir in den Abgrund einer selbstzerstörerischen Apokalypse des kleinen Erdballs manövrieren?**

Das sind Fragen, die für uns nicht nur von historischem Interesse sind, sondern die auch uns durch die möglichen Schlussfolgerungen vor Fehlentscheidungen in der Zukunft bewahren können. Auch wir sind nicht für alle Zeit gefeit, Fehler von weitreichender Bedeutung für unser weiteres Leben zu machen.

Da wir auf Erde II ähnliche Bedingungen vorfanden wie auf Erde I wurde der gleiche Großversuch auch dort durchgeführt. Die neuen Einwohner nannten wir »Keraner«.

Damit gab es zwei Großversuche auf zwei ähnlichen, Millionen Lichtjahre voneinander entfernten Planeten. Da beide Versuche zeitgleich begannen, boten sich immer wieder Vergleichsmöglichkeiten mit Hilfe von Kontrollen:

Zwei Pärchen mit pechschwarzer Haut waren aller Ausgang und erfüllten unser eigenes Volk mit einem geradezu unbändigen Interesse, was denn so aus den beiden hübschen Mädchen und den ansehnlichen Jünglingen werde – ein Zwischenergebnis sehen wir heute im Jahre 2016 gemäß der Zeitrechnung auf Erde I, der »Menschenerde«.

Damit absolut sicher gestellt war, dass die Langzeitversuche auf der »Menschenerde« und der »Keranererde« völlig eigenständig ohne jede Einflussnahme von außen durchgeführt werden konnten, ist in unserer Verfassung bereits in der Präambel festgelegt:

›[...] Die weitere Entwicklung der Menschen und auch der »Keraner« muss ohne jede Einflussnahme der »Toraner« stattfinden. Einmischen in die Belange der dortigen Völker ist von Seiten jedes »Toraners« ausgeschlossen. Selbst bei Ereignissen wie Erfindungen, Großbauwerken, Kriegen, Seuchen, Mordtaten, Terrorakten und anderen Grausamkeiten gibt es von Seiten der »Toraner« keinerlei Unterstützung.

Die Hauptuniversität auf »Tora« begleitet beide Langzeitversuche wissenschaftlich, koordiniert alle gleich gearteten Anstrengungen weiterer Universitäten und gibt der Regierung und dem Volk auf »Tora« alljährlich ausführlich Rechenschaft.

Jeder Bewohner auf »Tora« ist über riesige Computer derart mit den anderen beiden Erden vernetzt, so dass jeder Erwachsene, aber auch jedes Kind, die dortigen Geschehnisse im Detail verfolgen kann – übergroße Plasmafernsehschirme auf »Tora« gestatten die Beobachtung jeder auch noch so kleinen Handlung.‹

Du fragst Dich sicherlich, mein Sohn, ob denn von uns »Toranern«, nach unserem viele Millionen Jahre langen »Gastspiel« auf der »Menschenerde« gar nichts übrig geblieben ist.

In der Tat haben große und kleine Eiszeiten die Erdoberfläche derart verändert, dass es praktisch nichts gibt, was an uns erinnert.

Es sind nach uns neue Landmassen, Gebirge, Ozeane, ja ganze Kontinente an anderer Stelle entstanden. Und doch ließ vor zwei, drei Jahren ein Fund auf der »Menschenerde« aufhorchen:

Eine kleine, menschenähnliche Figur wurde in Bernstein eingeschlossen gefunden – datiert auf ein Alter von mehreren Millionen Jahren!

›Gab es nun doch schon »menschliche Wesen« auf Erde I, Millionen Jahre alt?‹ – war die Frage der Wissenschaft.

Natürlich gab es das – die Antwort kann ich geben, mein Sohn – nur es ist nicht das Abbild eines »frühen Vorfahren« der Menschen, wenn man die Entwicklungslinien ihres Stammbaums heranzieht, sondern eines der »Toraner«.

Aber, wenn man so will, ist die in Bernstein gefundene Figur damit auch gleichzeitig die Nachbildung eines frühen Vorfahren der Menschen, weil diese von den »Toranern« als deren Abkömmlinge auf der »Menschenerde« angesiedelt wurden.

Es gibt ja auch bei den Menschen die Theorie, dass das organische Leben nicht von der Erde stamme, sondern aus dem Weltall **»zugeflogen«** sein könnte – egal, ob als Mikrobe oder in einer anderen Lebensform.

So müssen wir »Toraner« natürlich ein wenig lächeln, wenn wir das eben Erläuterte hören. Es stimmt in diesem Falle natürlich beides:

- die »Toraner« entwickelten sich aus den Stoffen ihres ehemaligen Heimatplaneten Erde I. Damit sind die Menschen heute indirekt als Nachkommen der »Toraner« ebenfalls ein Produkt der genannten Stoffe und der gleichen Erde

- der Mensch kam aber auch aus dem All zur Erde »geflogen« – und das in diesem Falle nicht in Form von Mikroben, sondern bereits »fertig« als schwarzer Adam und seinem Weib, der schwarzen Eva!

So ist es, mein Sohn, manchmal ist beides falsch, aber manchmal ist auch beides richtig!‹

Das war aber eine interessante und sehr lehrreiche Geschichtsstunde, bedanke ich, Immo, mich als Sohn bei meinem Vater.

Man wird sehen, inwieweit die geschichtliche Entwicklung der »Toraner«, Menschen und »Keraner« mir helfen wird, die weiteren Umstände um das Tun der Bewohner von Erde I zu verstehen und in größeren Zusammenhängen beurteilen zu können.

"Werde ich die mir gestellte Aufgabe nun möglicherweise besser bearbeiten können, nachdem ich so viel über die Entstehung und Entwicklung der Menschen und auch deren Abhängigkeit von uns »Toranern« erfahren habe?", frage ich mich und bin im Hinblick auf die zu lösende Aufgabe sehr zuversichtlich.[21]

Nachdem ich Ihnen, verehrter Leser, seitenlang pessimistische Gedanken aus der Vergangenheit der »Toraner« vorgetragen habe, anwendbar auf die heutige Menschheit des Jahres 2016, keimt aber auch so etwas wie Hoffnung auf, vergleichbar dem Pflänzchen, das soeben die obere Erdkruste durchbrochen hat, wenn man betrachtet, was da in jenem kleinen Land, mit Namen ehemalige DDR 1991 stattfand. Zum jetzigen Zeitpunkt (2016) lautet die alles entscheidende Doppelfrage, der sich auch mein Vater anschließt:

1. **werden sich die Menschen selbst zugrunde richten durch** Kriege, Terrorismus, Vernichtungswaffen mit Atombomben und Gas, Zerstörung der Umwelt, Verseuchung der Lebensmittel und des Wassers, Duldung und Vergrößerung der Schere zwischen Arm und Reich mit der andauernden ungerechten Verteilung aller erwirtschafteten Güter, Uneinigkeit bei der Lösung des »weltweiten« Flüchtlingsproblems, **Nichtbeherrschung der nahenden »Roboter-Revolution«, Nichtlösung des Unrechts bei der Nichtgleichstellung von Kapital und Arbeit?**

2. **werden sich die Menschen selbst retten durch** »sich am Schopfe packen«, um sich dann mit eigener Hilfe aus der selbst um den Hals gelegten Schlinge zu ziehen?

Es gibt nur diese beiden Möglichkeiten:

Lösung aller wesentlichen Probleme oder
Untergang der 7,3 Milliarden »Erdenmenschen«!

Nochmals zur Vertiefung des Gesagten: Die Auswanderung der Menschen auf einen anderen Planeten, z.B. »Erde III« in der Andromeda-Galaxie (Abb. 1), ist nicht möglich, da die Menschheit heute noch nicht über entsprechend große und schnelle Raumschiffe verfügt. Bei der heute möglichen Weltraum-

---

[21] *Helmar Neubacher, ADOLF HITLER »DAS BÖSE« – und die Rache des Ziegenbocks von Leonding, BoD, 2012, S. 51ff*

Reisegeschwindigkeit von etwa 30.000 Kilometern pro Stunde, würde man **etwa 100 Milliarden Jahre** benötigen![22]

Allein wegen der noch nicht gelösten Geschwindigkeitsfrage, verbunden mit der damit benötigten Antriebsenergie, bezogen auf die »Auswanderung«, handelt es sich hier um eine rein theoretische, praktisch nicht durchführbare Überlegung.

Ich, Immo, habe mit größtem Interesse beobachtet, wie das kleine Volk der ehemaligen DDR-Bürger 1991 ein »Neues Politisches Regierungssystem« schuf – damals zunächst nicht für andere, sondern nur für sich selbst. Mein Vater, der mich bei meinen Studien unterstützt, geht sogar so weit, zu sagen:

"Es ist den Machern der Neuen DDSR-Verfassung gelungen, die größte Geißel der Menschheit

– GIER und EGOISMUS bei der Jagd nach Besitz und Macht, zunächst für ihr eigenes Land, weitestgehend auszuschalten."

Ich schließe mich der weitsichtigen Erkenntnis meines Vaters uneingeschränkt an und möchte ergänzen:

Es ist den Vätern der »Neuen Verfassung« gelungen, nahezu **alle Wahlberechtigten** des 17 Millionen Volkes an der Regierung und damit am Geschehen einer Wahlperiode maßgeblich zu beteiligen. Das ist in einem demokratischen System etwas ganz Neues. Es ist damit nicht mehr möglich, dass z.B. 51 % Wahlgewinner die Regierungsgewalt erlangen und 49 % Wahlverlierer innenpolitisch und außenpolitisch drangsalieren mit der Gefahr, dass es zukünftig durchaus Realität werden könnte,

"20 % beherrschen 100 %!" (Beispiel Präsidentenwahl USA!)

---

[22] *1 Jahr in Sekunden:*
365 Tage x 24 Stunden x 60 Minuten x 60 Sekunden
≈ 31.000.000 Sekunden

1 Lichtjahr in Kilometern:
31.000.000 Sekunden x 300.000 Kilometer/Sekunde
≈ 10.000.000.000.000 Kilometer (10 x 10^{12} Kilometer)
= 10 Billionen Kilometer (bitte nachrechnen!)

Entfernung zur Andromeda-Galaxie in Kilometern:
2.500.000 (Lichtjahre) x 10 Billionen Kilometer
≈ 2,5 x 10^{19} Kilometer

Reisezeit zur Andromeda-Galaxie in Jahren (bei 30.000Km/h):
2,5 x 10^{19} Kilometer/(365 Tage x 24 Stunden)
≈ 100.000.000.000 Jahre
= 100 Milliarden Jahre

Wahl von Donald Trump zum 45. Präsidenten der USA
am 08.11.2016 mit dem Ergebnis der Demokratischen Schieflage:
nur 63 Millionen Wähler "regieren" 313 Millionen US-Bürger!
nur 20% US-Bürger   " herrschen"   über 100% des Volkes!
*merke: nach der "Neuen Vefassung" der DDSR würden auf die
US-Regierung alle 136,6 Millionen gültigen Wählerstimmen
entfallen (100%)!*

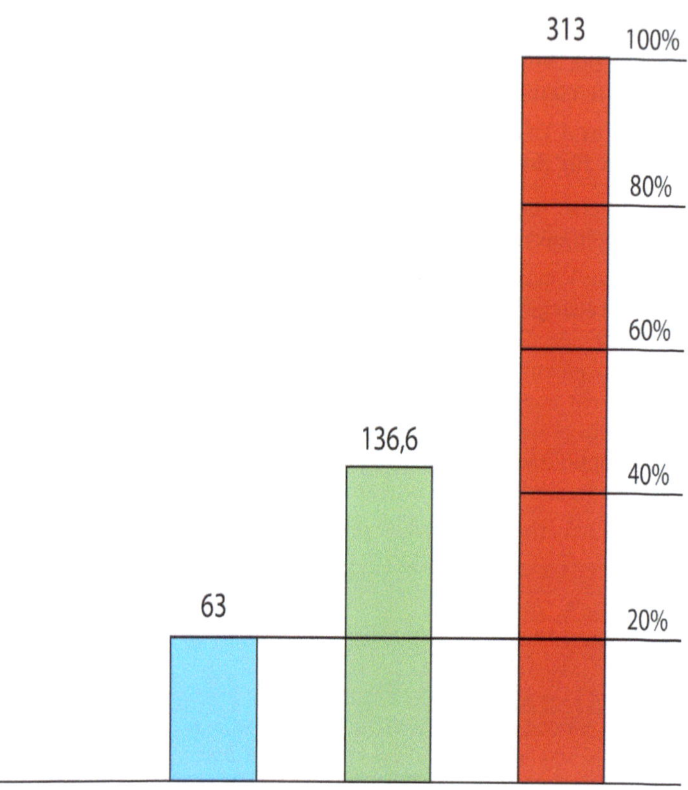

Abb.11 Schema, Farbe blau : 63 Millionen Stimmen erhält D. Trump
Farbe grün : 136,6 Millionen gültige US-Stimmen gesamt
Farbe rot   : 313 Millionen US-Bürger insgesamt

Die größte Ungerechtigkeit der Demokratie ist damit beseitigt. Das »Neue politische Regierungssystem« (Abb. 6) zeichnet sich dadurch aus, dass erstmals auch die **Wahlverlierer** aktiv an der Regierung beteiligt werden, ohne das Wesen der Demokratie zu beeinträchtigen

- Legislative (Parlament), Exekutive (Regierung) und Judikative (allgemeine Gerichtsbarkeit) sind eindeutig voneinander getrennt und damit in herausragender Weise eine echte positive Weiterentwicklung der beiden Politischen Systeme von BRD und DDR

- Volkskammer, Länderkammer, Staatsrat und Ministerrat sowie Oberstes Verfassungsgericht bilden damit selbständige und unabhängige Verfassungsorgane

- sie sichern die gewünschte GEWALTENTEILUNG und gewährleisten damit das Wesen einer "Echten Demokratie"

- hinzu kommt ein Wahlrecht für jeden Bürger, die zu besetzenden politischen Ämter, vom Volkspräsidenten bis hinunter zum kleinsten Bürgermeister, nach den garantierten demokratischen Prinzipien: **frei, gleich, geheim, allgemein und unmittelbar** zu vergeben

Es gilt weiterhin das festgeschriebene Recht auf Opposition:

Kritik von jedermann an jedermann
– parlamentarisch und außerparlamentarisch
in allen Lebensbereichen.

Die aktive Wahrnehmung dieses Grundrechtes wird von der »Neuen Verfassung« als außerordentlich erwünscht festgeschrieben und sowohl im eigenen Land wie auch im Ausland von den Menschen als vorbildlich beurteilt.

Dies bedeutet nicht, dass Parlamentarier und Regierungsvertreter im In- und Ausland »vogelfrei« sind

- gewählte Volksvertreter dürfen, ja sie sollen kritisiert werden, doch das Recht, sie zu beleidigen hat niemand!

- die Diffamierung anderer Religionen wird es nicht geben

- »Allah als Ziegenbock«, auch in der Satire, wird in der DDSR nicht zu sehen sein

- die Darstellung des/r unbekleideten Regierungschefs/ Regierungschefin vor Kindern ist undenkbar

Wie sollte sonst auch ein Politiklehrer seinen Schülern das eigene Regierungssystem erklären, wenn schon die Kleinsten keinerlei Achtung vor den Volksvertretern haben, die Papa und Mama gewählt haben mit dem Auftrag, das ganze Volk sicher, unbeschadet und weitsichtig durch alle Wirren und Hindernisse des Lebens zu führen.

Sozialismus, der zweite Pfeiler der neuen Staatsform, neben dem Pfeiler **Demokratie**, wird interpretiert und neu formuliert festgeschrieben. In das Gefügebild des neu anzuwendenden Sozialismus sind Gedanken des Kapitalismus eingeflossen:

KAPITAL und ARBEIT erhalten einen gleichberechtigten Status

- **Kapital und Arbeit sind gleich in der wirtschaftlichen Führung aller Groß- und Kleinfirmen der DDSR**

In allen 100 bekannten, sich sozialistisch nennenden Staaten unterdrückten Einzelparteien und Despoten das Volk mit der Folge von Unfreiheit und Armut, wie schon beschrieben

- die unbändigsten angeborenen Gefühle des Menschen wurden brutal unterdrückt

- **Gier und Egoismus** (verstanden im weitesten Sinne auch als Selbstverwirklichung) und der unbändige Wunsch nach Freiheit

Besonders anschauliches, aber erschreckendes Beispiel ist die DDR selbst:

- die Machthaber bauten um das ganze Land eine hohe Mauer aus Stein und Stacheldraht und schlossen 17 Millionen »Genossen« mit Waffengewalt wie in einem Hochsicherheitsgefängnis einfach weg

  [Genosse heißt eigentlich »Freund«, wie einmal der weise, bereits verstorbene SPD Landes- und Kommunalpolitiker Hans Arnold aus Moisburg (Niedersachsen) vor Jahren seine Parteifreunde belehrte]

In der »Neuen Verfassung« werden die dem Menschen angeborene **Gier** und **Egoismus** in Grenzen ausdrücklich positiv beurteilt und gestattet, weil sie nun mal da sind, und im Neuen Regierungssystem in Form von »KAPITAL«, gleichberechtigt neben dem Faktor ARBEIT, möglichst gewinnbringend für alle eingesetzt werden sollen:

- der Schrei der Kapitalisten nach Wachstum, Wachstum, Wachstum und Profit entspringt nun einmal der Gier der Kapital- und Großgrundbesitzer

Jeder Unternehmer soll auch weiterhin seine angeborene Gier nach Wachstum und Gewinn zu Gunsten seines Betriebes einsetzen; immerhin befinden wir uns in Konkurrenz mit über 100 kapitalistischen Nachbarn, Ländern, bei denen der Schrei nach Wachstum und Profit unüberhörbar ist

- der Unternehmer setzt sein Kapital (Geld) und sein Wirtschaftswissen ein

- die Arbeiter und Angestellten tragen zum Unternehmen den Faktor »Arbeit« (Wissen, Gesundheit etc.) bei

Die über Jahrhunderte bekannte theoretische Erkenntnis

Wirtschaften ist ohne Kapital nicht möglich,

Wirtschaften ist aber auch ohne

qualifizierte Arbeiterschaft

nicht möglich,

wird erstmals flächendeckend in einem ganzen Land praxisnah umgesetzt und per Gesetz dahingehend festgeschrieben, dass Unternehmer (Kapital) und die Arbeiterschaft in allen Betrieben der DDSR gleichberechtigt für sich und zum Wohle des ganzen Volkes gemeinsam wirtschaften.

Die Begriffe **Arbeitgeber** und **Arbeitnehmer** gibt es nicht mehr:

- vielmehr stehen nunmehr **Unternehmer** und **Arbeiterschaft** gleichberechtigt nebeneinander

- die juristische Person ist die Firma mit Firmennamen und Firmensitz

- Unternehmer und Arbeiterschaft entscheiden gleichberechtigt u.a. über Investitionen, Ausgliederung des Betriebes, personelle Einstellungen, Planung, betriebliche Zielvorgaben

  Beispielsweise Hiobsbotschaften aus früheren Zeiten, in denen Arbeitgeber tausende von Arbeitnehmern ohne deren Zustimmung entließen, wird es bei uns nicht geben.

Nochmals als vertiefende Erklärung:

Arbeiter und Angestellte sind den Firmenchefs mit deren Kapital nicht mehr in allen betrieblichen Fragen völlig ausgeliefert mit der Erkenntnis, dass sie praktisch keinerlei Einfluss durch ihre nur formulierte aber nicht vorhandene »Schein-Mitbestimmung« haben

- nunmehr steht die Arbeiterschaft auf einer gleichhohen Stufe wie der Unternehmer

- die Arbeiterschaft bittet nicht mehr um etwas »Mitbestimmung«, nein, die Arbeiterschaft trifft alle wichtigen betrieblichen Entscheidungen gleichberechtigt zusammen mit dem Unternehmer (Kapitalgeber)!

Unternehmer und Arbeiterschaft planen und wirtschaften also gemeinsam

- am Jahresende wird unter beiden Partnern der Gewinn zu gleichen Teilen gerecht verteilt, abzüglich der Abgaben an den Staat, der dann alle Bereiche des Staatshaushaltes bedient und die verbleibenden Gelder gerecht unter den 17 Millionen verteilt

- **Reich** und **Arm** gibt es nicht mehr

- die Zeiten, in denen 60 Multimilliardäre weltweit über genau so viel Kapital und andere Güter verfügten wie die Hälfte der gesamten Menschheit (**3,7 Milliarden, 2016**), sollten endgültig vorbei sein!

Aber Wohlhabende und nicht so Wohlhabende wird es in der DDSR trotzdem geben

- wer viel arbeitet und hochqualifiziert ist, verdient auch mehr als andere

- alle Bedürftigen, die beispielweise ihre Arbeit durch Krankheit oder Konkurrenz der Roboter verloren haben und ihre Familien erhalten ein angemessenes **Grundsicherungsgehalt**

- auch der Konkurrenzgedanke, z.B. in der arbeitenden Bevölkerung, ist unbedigt erwünscht

- die **angeborene Gier des Menschen** wird damit ruhig gestellt und es gibt nur wenige Mitbürger, die sich unter dem sozialistischen Sicherheitsschirm ohne Arbeit, aber arbeitsfähig, zur Ruhe setzen, die immer wieder anzutreffenden Faulenzer, die das Wort »sozial« falsch deuten

- alles Land des Staats-Territoriums, ebenso alle Bodenschätze, gehören als Eigentum dem Staat und damit allein dem Volk

- jeder Familie stehen 600 Quadratmeter Land zum Bauen eines Eigenheimes zu, das diese in Besitz nehmen kann

- billiges Baugeld, sofern vorhanden, wird den Bauwilligen, falls bedürftig, als Langzeitdarlehen zur Verfügung gestellt

- das Recht auf Arbeit und Ausbildung ist garantiert

- ebenso freie Versorgung bei Krankheit, Arztbesuch, Medikamente, Krankengeld, Krankenhausaufenthalt, Renten, Kindertagesstätten

- Firmen und Fabriken wird das erforderliche Land zugeteilt

- ausländische Firmen sind willkommen

- **Ausländer, innerhalb oder außerhalb des Territoriums haben keinen Anspruch auf Landbesitz**

- die DDSR ist kein Einwanderungsland

- die DDSR freut sich aber über jeden Ausländer – falls spezielle Fachkräfte benötigt werden – der arbeiten möchte und um Arbeitserlaubnis sowie Einreisegenehmigung nachsucht oder sich bewirbt

- **unkontrollierte Zuwanderung aus anderen Ländern wird es nicht geben, weil Zwietracht und Gewalt die Folge sind mit der Gefahr, dass das eigene Volk und ganze Europa gespalten wird**

- das Asylrecht für an Leib und Leben Bedrohte durch Krieg und Terror wird in der Verfassung festgeschrieben

- eine bestimmte Summe stellt der Staat alljährlich zur Verfügung, um hungernden und bedrohten Kindern weltweit zu helfen

In dem »Neuen Staat DDSR« geschieht alles unter dem Schirm der Solidarität

- **wer viel hat, gibt ab an die, die weniger haben (nicht Almosen, sondern gerechte Beiträge!)**

- **wer viel weiß und klug ist, hilft dem, der nicht so klug ist**

Das Zusammenleben der 17 Millionen Mitbürger ist gekennzeichnet durch ein Nehmen und Geben unter Zuhilfenahme gerechter Verteilungsschlüssel.

Die Folge:

Ein **zufriedenes** Volk,
das in **Freiheit** und **Selbstbestimmung**
sein Glück findet,
weil sichergestellt ist:

Das gesamte Volk
bestimmt die eigenen Geschicke selbst!

Die »Neue Verfassung« zeigt sich in ihrem betrieblich
wirtschaftlichen Kern besonders weitsichtig, denn sie verbindet
sehr elegant Kapitalismus mit der ewigen Forderung der
Arbeiterschaft nicht nur nach Mitbestimmung, sondern nach
Mitentscheidungsgewalt innerhalb der Betriebe.

**Der Unternehmer mit seinem Kapital und die Arbeiterschaft
mit ihrem Wissen und ihrer Arbeitskraft treffen
gleichberechtigt alle betrieblichen Entscheidungen**

- **es ist innerhalb des Sozialismus ein Wirtschaftssystem
  entstanden, das sowohl**

- **Anhänger des »Reinen Kapitalismus« wie auch
  Verfechter des »Reinen Sozialismus« vereinigt und zu
  begeistern vermag**

Es ist eine
»WIRTSCHAFTLICHE MISCHFORM« entstanden,
die als **sinnvoll** und **gerecht** empfunden wird von allen
Beteiligten:
– dem kapitalistischen Unternehmer,
– der in den Betrieben tätigen Arbeiterschaft und
– der restlichen Bevölkerung.

Ich, Immo, komme bei meinen Studien zu dem neuen politischen
Regierungssystem für die **Deutsche Demokratisch-Sozialistische
Republik (DDSR)** zum Ende und fasse zusammen:

1. Das neue Regierungssystem macht Demokratie gerechter und
   bildet unter dem Schirm eines neu formulierten Sozialismus

   - eine ganz neue Regierungsform, in der sich jeder einzelne
     Bürger **wiederfinden** und **selbst verwirklichen** kann

2. In wenigen Jahren, wenn sich das neue System in der DDSR
   bewährt hat, kann dieses Land mit der BRD in Verhandlungen
   treten und zwar mit dem Ziel der Wiedervereinigung zweier
   Völker einer Nation

- als kleines, aber gestärktes Land hat man eine gute Verhandlungsposition und braucht sich von dem »Großen« nicht schlucken zu lassen

- diese Gefahr, wie Anfang 1990, ist dann nicht gegeben

Auch die BRD-SPD könnte inzwischen dazugelernt haben, was sie dann befähigt, mit den Grünen und der Linkspartei Regierung und Kanzler zu stellen

- der Zwist zwischen Lafontaine und jenem Hauruckkanzler (Schröder) dürfte dann beigelegt sein. Möglicherweise könnte dann das vereinigte Deutschland sogar die Verfassung der DDSR übernehmen

Ich, Immo, habe einen Traum, der durchaus auch realistische Züge hat. So habe ich die Hoffnung, dass sich der galaktisch übergreifende Versuch der »Toraner« zum Guten wendet:

"Wir setzten vor 200.000 Jahren jenen Mann und jene Frau in Afrika aus, unter der gestellten Frage:

- werden sich die Nachkommen dieser Beiden – ich nenne sie mal Adam und Eva – also die heutigen 7,3 Milliarden »Erdenmenschen«, selbst vernichten, so wie wir »Toraner« es vor mehreren Millionen Jahren fast fertiggebracht haben, oder finden sie einen Weg sich zu retten?

Falls der eingeschlagene Weg der DDSR tatsächlich ein Erfolg wird, dann kann davon ausgegangen werden, dass die gelebte Praxis der 17 Millionen tatsächlich auf andere Völker übergeht, denn eigentlich sehnt sich die Mehrheit aller Menschen nach einem **Leben in**

- **Zufriedenheit und Glück, bei Freiheit, Sicherheit, Gerechtigkeit für jedermann, bei einem gesicherten Auskommen in Gegenwart und Zukunft für sich, die Familie, die Kinder und die »Kinder der Kinder«**

Ein Volk wie das der DDSR, in der nunmehr alle Menschen ihr eigenes Schicksal durch Mitbestimmung an weittragenden Entscheidungen im politischen und wirtschaflichen Leben selbst bestimmen und sich damit tatsächlich verwirklichen können, hat sicher für andere Länder Vorbildcharakter.

Es besteht durchaus die Hoffnung, dass die übrigen 200 Länder den »Demokratischen Sozialismus« der DDSR übernehmen. Übergroße Gier und Egoismus der Menschen, ja ganzer Völker, wandeln sich in Verständnis und Fähigkeit, unterschiedliche Meinungen und Streitigkeiten uneigennützig beizulegen

- mit der Folge, dass Knechtung anderer, Unterdrückung, ja Versklavung ganzer Völker, der Vergangenheit angehören

- der Mensch hat dann seinen größten Widersacher

den

»MENSCHEN«,

besiegt

Wenn dann die USA, Russland, China, England, Frankreich, Kanada und Gernegroße wie Indien, Pakistan, Nordkorea und Israel Atomwaffen, Panzer, Schlachtschiffe, Flugzeugträger, U-Boote, Kampfbomber, Raketen und Kampfgasbestände einmotten, dann benötigen auch alle anderen Nationen keine Waffen mehr.

Dann ist der Moment gekommen, davon ist auch mein Vater überzeugt:

Wir, die »Toraner«, als eigentliche Vorfahren der Menschen

- könnten uns den Menschen nunmehr zu erkennen geben

- wir mit unserer Millionen Jahre alten Technikentwicklung könnten den Menschen in allen Lebensbereichen helfen

Da die Menschen durch ihre Selbstrettung dann etwas geschaffen haben, wozu wir »Toraner« vor Millionen von Jahren nicht in der Lage waren, kann man davon ausgehen, dass wir »Hochentwickelten« von unseren Nachkommen sicherlich auch eine ganze Menge lernen können.

Unter dieser hoffnungsvollen Entwicklungsaussicht für uns »Toraner« und die »Menschen« beschließe ich, Immo, der Junge vom fernen Planeten »Tora«, meine Studienarbeit und verabschiede mich vom Leser

- vielleicht bis bald, bei einem sicherlich freundschaftlichen Kennenlernen.

Anhang

Aktuelle Anmerkung des Verfassers zu einigen Vorkommnissen auf der »Weltbühne« im Jahre 2017

Türkei:

Der türkische Präsident R. T. Erdoğan hat am 16.04.2017 sein »Referendum« mit 51,3 % der wahlberechtigten Türken gewonnen. Das Volk hat "gesprochen"!

R. T. Erdoğan schwingt sich zum »Diktator« auf, obwohl er in Zukunft wohl 40.000.000 (das halbe Volk der Türken) gegen sich hat – ganz zu Schweigen von der ablehnenden Beurteilung vieler anderer Völker mit ihren Regierungen.

Gegen alle Widerstände kührt sich R. T. Erdoğan zum Präsidenten und gleichzeitig zum Regierungschef. Von Demokratie ist nunmehr keine Rede mehr, da der neue »Diktator« auch die Mitglieder des Verfassungsgerichtes bestimmen kann – die Richter, deren Aufgabe es ist, auch den »Diktator« zu kontrollieren.

Amerika:

Der neue Präsident der USA, D. Trump, beglückwünscht Herrn R. T. Erdoğan zu seinem Erfolg!

Beglückwünscht hier ein »Diktator« den anderen?

Denn auch Herr Trump ernennt den Obersten Vefassungsrichter der USA – den Richter, der den Regierungschef Trump kontrollieren soll – also auch in den USA keine Demokratie, deren oberstes Prinzip die Teilung der staatlichen Gewalten sein sollte.

Zudem schickt Herr Trump Flugzeugträger und weitere Kriegsschiffe an die Koreanische Küste, weil der nordkoreanische Diktator Kim Jong mit dem »Säbel rasselt« und mit Langstreckenraketen »spielt«.

Zudem möchte Amerika wohl wieder Weltpolizist sein!

Es ist bekannt, dass Herr Trump weder vom Weltsicherheitsrat noch von der UNO ein Mandat hat – selbst die beiden USA-Kammern Repräsentantenhaus und Senat haben Herrn Trump offensichtlich nicht beauftragt »Krieg zu spielen«.

Frage:

Hat die US-Flotte möglicherweise sogar Atombomben an Bord, bei ihrem Aufmarsch vor Koreas, Japans und Chinas Küste?

Die Quintessenz:

»ECHTE DEMOKRATIE« wäre auch für Länder, wie den USA und der Türkei die beste Regierungsform – mit strenger Trennung der Staatlichen Gewalten:

Parlament – Regierung – Rechtssprechung

Kontrolle der Verfassungsorgane und das Legen schwieriger Entscheidungen, wie z.B. Krieg und Einführung der Todesstrafe auf viele Schultern, ist der Regierungsform, mit nur einer übermächtigen Person, dem Diktator, immer vorzuziehen!

Verwendete Abkürzungen

DDSR	Deutsche Demokratisch-Sozialistische Republik
DDR	Deutsche Demokratische Republik
VOPrä	Volkspräsident
OVerfG	Oberstes Verfassungsgericht
LVerfG	Landesverfassungsgericht
RK	Richterkammer der Berufsrichter
VK	Volkskammer
LK	Länderkammer
StR	Staatsrat (Regierung 1)
StRPrä	Staatsratspräsident
RatStR	Dienstbezeichnung der Räte im Staatsrat
MiR	Ministerrat (Regierung 2)
MirPrä	Ministerratspräsident
FMWF	Fachminister für Wirtschaft und Finanzen
FMI	Fachminister des Inneren
FMAS	Fachminister für Arbeit und Soziales
FMEL	Fachminister für Ernährung und Landwirtschaft
FMVer	Fachminister für Verteidigung
FMFKJ	Fachminister für Familie, Kinder und Jugendliche
FMG	Fachminister für Gesundheit

FMV	Fachminister für Verkehr
FMBF	Fachminister für Bildung und Forschung
FMUBR	Fachminister für Umwelt/Naturschutz, Bau- und Reaktorsicherheit
FMKR	Fachminister für Koordination der Regierungsarbeit
RBKi	Republikbeauftragter zum Schutz der Kinder
RBJu	Republikbeauftragter zum Schutz der Jugendlichen
RBAK	Republikbeauftragter zum Schutz alter und kranker Menschen
RBG	Republikbeauftragter zum Schutz der Freien Glaubenslehre
RBA	Republikbeauftragter zum Schutz der ausländischen Mitbürger
BRD	Bundesrepublik Deutschland
BR	Bundesrat der BRD
BVerfG	Bundesverfassungsgericht der BRD
GG	Grundgesetz der BRD

Literaturvorschläge zum Buchthema

Bebel, August; Aus meinem Leben; Verlag J. H. W. Dietz Nachfolger Bonn (1997)

Berndt, Dr. Hans und andere; Staatsbürgerkunde 8, Lehrbuch für Klasse 8, Volk und Wissen Volkseigener Verlag, Berlin 1975, 2. Auflage Ausgabe 1975

Bisky, Jens; Geboren am 13. August – Der Sozialismus und ich; Rowolt-Verlag Berlin (2004)

Blessing, Klaus; Die sozialistische Zukunft; BEBUG mbH (2014)

Füllberth, Georg; Sozialismus; PapyRossa Verlag Köln (2011)

Grundgesetz für die Bundesrepublik Deutschland; Deutscher Bundestag Berlin (2016)

Heimann, Eduard; Freiheit und Ordnung, Arani-Verlag, Berlin-Grunewald (1950)

Heimann, Eduard; Soziale Theorie des Kapitalismus, Theorie der Sozialpolitik, edition suhrkamp (1980)

Hellborn, Dr. Rudolf et al.; Staatsbürgerkunde 1, Weg und Ziel des Sozialismus in der Deutschen Demokratischen Republik, Volk und Wissen; VEB Verlag Berlin (1965)

Hessel, Stéphane; Empört Euch!; Ullstein (1995)

Kahni Rainer ("Monsieur Rainer"); Wehrt Euch; Books on Demand GmbH Norderstedt (2011)

Kellermann, Christian und Meyer, Henning; Die gute Gesellschaft – Soziale und demokratische Politik im 21. Jahrhundert; Suhrkamp Verlag (2013)

Landauer, Gustav; Aufruf zum Sozialismus; Synergia Verlag (2012)

Marx, Karl, Das Kapital – Kritik der politischen Ökonomie; Anaconda Verlag Köln (2009)

Meyer, Thomas, Demokratischer Sozialismus – Soziale Demokratie – Eine Einführung; Verlag J. H. W. Dietz Nachfolger Bonn (1991)

Neubacher, Helmar; Ich habe viel zu lange geschwiegen, Sozialdemokratie am Abgrund! Deutschland am Abgrund! BoD – Books on Demand, Norderstedt (2013)

Neubert, Wolfram et al.; Staatsbürgerkunde 2, Der umfassende Aufbau des Sozialismus, Volk und Wissen; VEBVerlag Berlin (1967)

Potthoff, Heinrich/Miller, Susanne; Kleine Geschichte der SPD 1848-2002; J. H. W. Dietz Verlag Nachfolger Bonn (2002)

Roesler, Jörg; Geschichte der DDR; PapyRossa Verlag Köln (2013)

Udke, Dr. sc. Gerwin et al.; Sozialistisches Recht, Lehrbuch für das Grundlagenfach (berufsbildende Literatur); Verlag Die Wirtschaft Berlin (1989)

Weber, Hermann; Das Prinzip Links, Beiträge zur Diskussion des demokratischen Sozialismus in Deutschland 1848-1990 – Eine Dokumentation; Ch. Links-Verlag Berlin (1991)

Wehner, Herbert; Christentum und Demokratischer Sozialismus, Beiträge zu einer unbequemen Partnerschaft; Dreisam Verlag Freiburg i. Br. (1986)

Wahlpflicht in anderen Staaten[23]

Eine mit **Sanktionen bewehrte Wahlpflicht** besteht zu den Parlamentswahlen in den folgenden Staaten:

Land	Strafe für Nichtwählen
Ägypten	Geldstrafe, Gefängnisstrafen möglich
Australien[2]	$20 beim ersten Mal, bei wiederholtem Fernbleiben von der Wahl sind auch Gefängnisstrafen möglich
Bolivien[3]	Geldstrafe von 150 Bolivianos, auch sofortiger Einzug der Personalausweise und Sperrung der Bankkonten sind möglich
Brasilien[4]	Eine akzeptierte Begründung reicht aus, um ohne weitere Konsequenzen der Wahl fernzubleiben. Andernfalls ist eine geringe Geldstrafe zu entrichten, um seinen Wahlstatus wieder zu regularisieren. Wird der Wahlstatus nicht in Ordnung gebracht, können wichtige Dokumente nicht beantragt werden, was dazu führt, dass Arbeitssuche, Kontoeröffnung oder der Erhalt eines Reisepasses nicht möglich werden. Wer dreimal in Folge nicht gewählt hat, verliert die Wahlberechtigung (título eleitoral) bis zur Regularisierung.[5]
Ecuador	Geldstrafe
Fidschi	Geldstrafe, Gefängnisstrafen möglich
Indonesien[6]	verpflichtend für Muslime (Ḥarām)
Libanon	(nur für Männer verpflichtend)

---

[23] *https://de.wikipedia.org/wiki/Wahlpflicht*

Libyen	(nur für Männer verpflichtend)
Liechtenstein	Geldstrafe
Luxemburg	Geldstrafe (100-250 Euro), ausgenommen sind alle Bürger über 75 Jahre
Nauru	Geldstrafe
Nordkorea	[7]
Peru[3]	Geldstrafe von umgerechnet ca. 40 Euro
Schweiz → Kanton Schaffhausen[8][9]	Geldbuße von sechs Schweizer Franken
Singapur[10]	Nichtwähler werden aus den Wählerlisten entfernt, bis sie einen Grund angeben, warum sie wieder wählen wollen.
Thailand	Nichtwähler werden aus den Wählerlisten entfernt.[11]
Türkei	Geldstrafe wurde aufgehoben
Uruguay	Geldstrafe

Wahlpflicht in Österreich

In Österreich gab es zwischen 1929 und 1982 eine Wahlpflicht bei der Bundespräsidentenwahl vgl. Art. 60/1[14] B-VG). Seither bestand sie nur in denjenigen Bundesländern, die dies durch Landesgesetze eingeführt haben. Eingeführt wurde eine entsprechende Wahlpflicht in Kärnten, der Steiermark, Tirol, Vorarlberg und Oberösterreich. In Kärnten und der Steiermark wurden diese Gesetze 1993 aufgehoben und der Vorarlberger Landtag hat in seiner Sitzung vom 28. Januar 2004 die Wahlpflicht bei Bundespräsidentenwahlen und bei Landtagswahlen aufgehoben. In Oberösterreich galt dieses Gesetz bis 1982. Der Tiroler Landtag folgte im Juni 2004 der vorarlbergerischen Entscheidung. Mit der zum 1. Juli 2007 wirksam werdenden Wahlrechtsreform wurde diese Verfassungsbestimmung gestrichen und damit die Wahlpflicht bei der Wahl zum Bundespräsidenten abgeschafft.

Von 1949 bis 1992 bestand Wahlpflicht auch bei den Nationalratswahlen (Art. 26/1 B-VG) in denjenigen Bundesländern, die dies durch Landesgesetze eingeführt hatten. In der Steiermark, Tirol und Vorarlberg wurden entsprechende Landesgesetze erlassen. 1986 verordnete diese auch Kärnten. Im Jahr 1992 wurde diese Verfassungsbestimmung aufgehoben und damit die Wahlpflicht bei Nationalratswahlen abgeschafft.

Historisch gesehen resultiert die Wahlpflicht aus der Angst der Christlichsozialen Partei vor dem 1918 eingeführten Frauenwahlrecht. Sie wollte dadurch vermeiden, dass konservative Frauen ihr Recht nicht ausüben und die für das Frauenwahlrecht eintretenden sozialdemokratischen Frauen dadurch die Mehrheitsverhältnisse verändern würden.

Staaten, die die Wahlpflicht abgeschafft haben

- Niederlande 1970
- Österreich (schrittweise zwischen 1982 und 2004)
- Chile 2011

Literatur

- Tobias Kaufmann bzw. Günter Otten: *Pro und Contra Wahlpflicht.* In: *Kölner Stadt-Anzeiger*, 28. März 2006
- Karl Marxen: Allgemeine Wahlpflicht – Überblick über die rechtliche Lage in Deutschland. (PDF; 245 kB) In: Forum Recht, Ausgabe 01/2011, S. 22-23

Einzelnachweise

1. Wahlbeteiligung nach Staaten 2009, bpb. www.bpb.de, abgerufen am 26. Dezember 2015
2. Australische Wahlkommission (PDF) abgerufen am 30. April 2010
3. Länderbeispiele electoral-reform.org.uk, abgerufen am 30. April 2010
4. Timothy J. Power: Compulsory for Whom? Mandatory Voting and Electoral Participation in Brazil, 1986-2006. *Journal of Politics in Latin America*, 1/2009, S. 97-122
5. Entfällt
6. Indonesia Issues „Hindu" Yoga Ban for Muslims. Hinduism Today, abgerufen am 30. April 2010

7. 100 Prozent für den höchsten Führer
    (Memento vom 13. März 2014)
    im *Internet Archive*, tagesschau.de, 10. März 2014

8. Schaffhauser Rechtsbuch, SHR 160.100: Gesetz über die
    vom Volke vorzunehmenden Abstimmungen und Wahlen
    sowie über die Ausübung der Volksrechte (Wahlgesetz)
    vom 15. März 1904, Art. 9

9. Das „Stimmwunder" am Rheinfall.
    swissinfo.ch, 28. November 2006

10. Singapurische Wahlkommission
    abgerufen am 30. April 2010

11. Thailändische Verfassung Kapitel 4, Sektion 71

Kontakt zum Autor

Webseite: www.pyramidenbau-aegypten.de
E-Mail: info@pyramidenbau-aegypten.de

Webseite: www.schaduf-book.de
E-Mail: info@schaduf-book.de

KINDER in HUNGERSNOT

HELFEN bringt auch dem Helfenden Zufriedenheit!

Lesen Sie bitte auch die nächste Seite.

Foto mit freundlicher Genehmigung N. Khoyun, Insel Sylt, Deutschland

Wir sausen auf teuren Rennrädern aus Carbon durch die Gegend,

- genießen auf chromblitzenden Choppern die herrliche Natur,

- fahren mit PS-starken Nobelkarossen in Urlaub,

- kreuzen mit Segel- und Motorjachten über die Meere,

- fliegen in Sportflugzeugen durch Gottes Himmel

… und das alles nur zum Spaß!

Auf der anderen Seite stirbt alle 3 Sekunden ein Menschenkind, weil es nichts zu trinken und auch nichts zu essen hat.

Tsunamis, Erdbeben und von uns selbst verursachte Katastrophen verstärken dieses unsägliche Leid – und bringen jenen »Ball«, den wir großspurig »Welt«, aber wegen seiner Winzigkeit und Anfälligkeit auch »Erde« nennen, fast zum Zerbrechen!

Genießen wir weiter unseren verdienten Wohlstand, aber öffnen wir auch unser Herz für großes Leid und großes Unrecht, unmittelbar vor der eigenen Haustür!

Wechseln wir vom REDEN zum TUN!!!

Dazu habe ich mir zwei Fragen gestellt:

1. Wie ordne ich meine derzeitige Lebenssituation auf einer Befindlichkeitsskala ein:

   - hervorragend

   - zufriedenstellend

   - einigermaßen

   - schlecht.

2. Kann ich ein wenig an die abgeben, die nicht einmal genug zu Essen und zu Trinken haben?

Die Beurteilung auf der Skala für mich selbst ergibt: **hervorragend.**

Deshalb werde ich von jedem verkauften Buch »Wir sind das VOLK« 5 % meines Autorenhonorars für Kinder verwenden, die sich in Hungersnot befinden. Ich bitte alle Menschen, sich ebenfalls die Fragen 1 und 2 zu stellen und dann nach einer ehrlichen Antwort den Weg zu einem Spendenkonto zu finden.

Es bedankt sich sehr herzlich Ihr H. Neubacher, Autor.